GO MATH!

¡VIVAN LAS MATEMÁTICAS!

Hecho en los Estados Unidos
Impreso en papel reciclado

Houghton Mifflin Harcourt

GO MATH!

¡VIVAN LAS MATEMÁTICAS!

Printed in the U.S.A.

ISBN 978-0-544-67759-3

8 9 10 0928 24 23 22 21 20

4500794189 C D E F G

Estimados estudiantes y familiares:

Bienvenidos a **Go Math! ¡Vivan las matemáticas!** para 2do. grado. En este estimulante programa de matemáticas, encontrarán actividades prácticas y problemas de la vida diaria que tendrán que resolver. Y lo mejor de todo es que podrán escribir sus ideas y respuestas directamente en el libro. El hecho de que puedan escribir y dibujar en las páginas, les ayudará a percibir más detalladamente lo que están aprendiendo y las matemáticas serán fáciles de entender.

También deseamos compartir con ustedes algo muy importante: se ha usado papel reciclado en la impresión de este libro. Queremos que sepan que al participar en el programa **Go Math! ¡Vivan las matemáticas!** ustedes estarán ayudando a proteger el medio ambiente.

Atentamente,
Los autores

Hecho en los Estados Unidos
Impreso en papel reciclado

GO MATH!

¡VIVAN LAS MATEMÁTICAS!

Autores

Juli K. Dixon, Ph.D.
Professor, Mathematics Education
University of Central Florida
Orlando, Florida

Edward B. Burger, Ph.D.
President, Southwestern University
Georgetown, Texas

Steven J. Leinwand
Principal Research Analyst
American Institutes for Research (AIR)
Washington, D.C.

Matthew R. Larson, Ph.D.
K-12 Curriculum Specialist for Mathematics
Lincoln Public Schools
Lincoln, Nebraska

Martha E. Sandoval-Martinez
Math Instructor
El Camino College
Torrance, California

Colaboradora

Rena Petrello
Professor, Mathematics
Moorpark College
Moorpark, California

Consultores de English Language Learners

Elizabeth Jiménez
CEO, GEMAS Consulting
Professional Expert on English Learner Education
Bilingual Education and Dual Language
Pomona, California

Geometría y fracciones

Área de atención

Estándares comunes **Área de atención** Describir y analizar las formas

11 Geometría y conceptos de fracción 701

ESTÁNDARES ESTATALES COMUNES
2.G Geometría
Agrupación A Razonan usando figuras geométricas y sus atributos.
2.G.A.1, 2.G.A.2, 2.G.A.3

Aprende en LÍNEA

¡Aprende en línea! Tus lecciones de matemáticas son interactivas. Usa *i*Tools, Modelos matemáticos animados y el Glosario multimedia entre otros.

Resumen del Capítulo 11

En este capítulo, explorarás y descubrirás las respuestas a las siguientes **Preguntas esenciales**:

- ¿Cuáles son algunas figuras bidimensionales y tridimensionales y cómo puedes mostrar las partes iguales de las figuras?
- ¿Cómo puedes describir algunas figuras bidimensionales y tridimensionales?
- ¿Cómo puedes describir figuras o partes iguales?

Entrenador personal en matemáticas
Evaluación e intervención en línea

PROYECTO DE REPASO DEL ÁREA DE ATENCIÓN SHAPE DESIGNS: *www.thinkcentral.com*

PRACTICA MÁS CON EL
Entrenador personal en matemáticas

Práctica y tarea

Repaso de la lección y Repaso en espiral en cada lección

La labor de un agricultor

por Tami Morton

Estándares comunes | ÁREA DE ATENCIÓN Describir y analizar las formas

La labor de un agricultor nunca termina. Los agricultores están ocupados todas las estaciones del año. Cultivan frutas y verduras para que la gente coma. ¿Qué figuras ves?

____

Estudios Sociales

¿Por qué es importante el trabajo de un agricultor?

En primavera, los agricultores preparan el campo. Aran el campo y fertilizan el suelo. Plantan sus semillas.

¿Qué figuras ves?

____

Estudios Sociales

¿En qué se diferencia el trabajo de un agricultor hoy al de hace mucho tiempo?

En verano, los agricultores cuidan sus cultivos. Se aseguran de que las plantas reciban suficiente agua cuando no llueve. ¿Qué figuras ves?

____

Estudios Sociales

¿Por qué un agricultor debe saber sobre los cambios del tiempo?

En otoño, los agricultores cosechan muchas frutas y verduras. Venden la mayoría de las frutas y las verduras a otras personas.

¿Qué figuras ves?

____

Estudios Sociales

¿Por qué un agricultor cultiva más frutas y verduras que las que su familia puede comer?

En invierno, los agricultores dejan los campos libres y se preparan para la siguiente estación. Planean lo que van a plantar. Revisan sus máquinas. La labor de un agricultor nunca termina.

¿Qué figuras ves?

____

Estudios Sociales

¿Por qué son importantes las estaciones para un agricultor?

Nombre ______________________

Escribe sobre el cuento

Observa los dibujos de los objetos de la granja. Haz un dibujo y escribe tu propio cuento sobre los objetos. Cuenta sobre figuras a las que se parecen estos objetos.

Repaso del vocabulario

cilindro
cubo
cono
círculo
esfera
triángulo
cuadrado
rectángulo
prisma rectangular

ESCRIBE Matemáticas

____

____

____

____

____

¿Qué figura ves?

Dibuja una línea para emparejar la figura con el nombre.

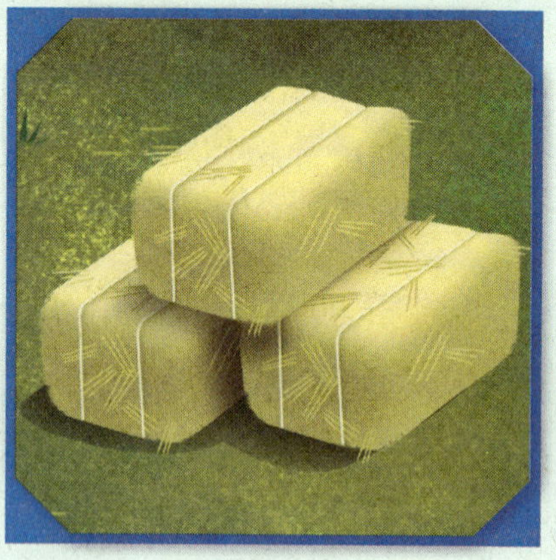

cilindro prisma rectangular círculo

Encierra en un círculo las figuras que tienen una superficie curva.

cilindro prisma rectangular

cubo cono

esfera

Estándares comunes

Escribe un acertijo sobre una figura. Pide a un compañero que lea el acertijo y nombre la figura.

Capítulo 11

Geometría y conceptos de fracción

Piensa como matemático

El aire caliente sube. Si un globo se llena de aire caliente, sube flotando hacia el cielo.

Algunos globos se ven como si tuvieran figuras bidimensionales. Menciona algunas figuras bidimensionales. Luego dibuja ejemplos de estas figuras.

Nombre ______________________________

Muestra lo que sabes

Entrenador personal en matemáticas
Evaluación e intervención en línea

Partes iguales

Encierra en un círculo la figura que tenga dos partes iguales. (1.G.A.3)

1. 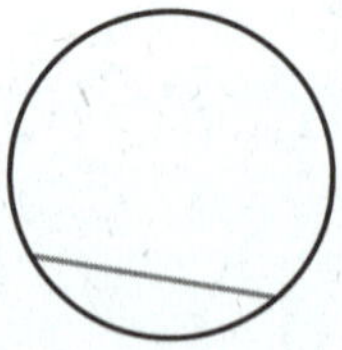 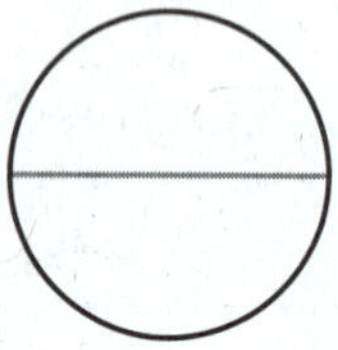

2. 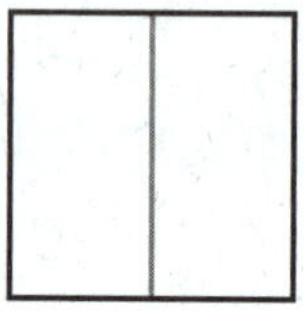 

Identifica figuras tridimensionales

3. Encierra en un círculo cada . (1.G.A.1)

4. Encierra en un círculo cada . (1.G.A.1)

Identifica figuras

Encierra en un círculo todas las figuras que coincidan con el nombre de la figura. (1.G.A.1)

5. triángulo  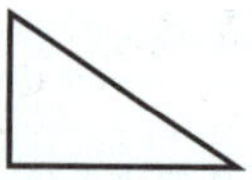  

6. rectángulo 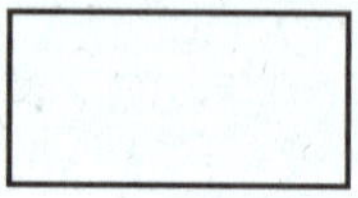  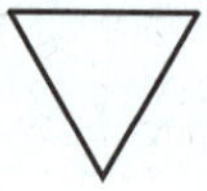 

página es para verificar la comprensión de destrezas
tantes que se necesitan para tener éxito en el Capítulo 11.

Nombre ____

Desarrollo del vocabulario

Palabras de repaso
- cuadrado
- figura
- partes iguales
- rectángulo
- triángulo

Visualízalo
Haz dibujos para completar el organizador gráfico.

partes iguales

Ejemplos

No son ejemplos

Comprende el vocabulario
Dibuja una **figura** que coincida con el nombre de la figura.

rectángulo | **triángulo** | **cuadrado**

APRENDE EN LÍNEA
- Libro interactivo del estudiante
- Glosario multimedia

Juego Cuenta los lados

Materiales • 1 dado • 10 fichas rojas • 10 fichas amarillas

Juega con un compañero.

1. Lanza el dado. Si te sale un 1 o un 2, lanza el dado de nuevo.
2. Busca una figura que tenga el mismo número de lados que el número que te salió.
3. Coloca una de tus fichas en esa figura.
4. Túrnense. Cubre todas las figuras. El jugador que tenga más fichas en el tablero es el ganador.

Vocabulario del Capítulo 11

ángulo

angle

2

arista

edge

3

cara

face

4

cilindro

cylinder

7

cono

cone

12

cuadrilátero

quadrilateral

13

cuarto de

fourth of

14

cuartos

fourths

15

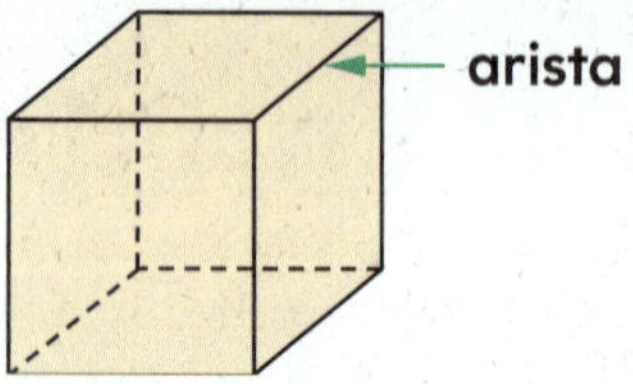

Una **arista** se forma donde se juntan dos caras de una figura tridimensional.

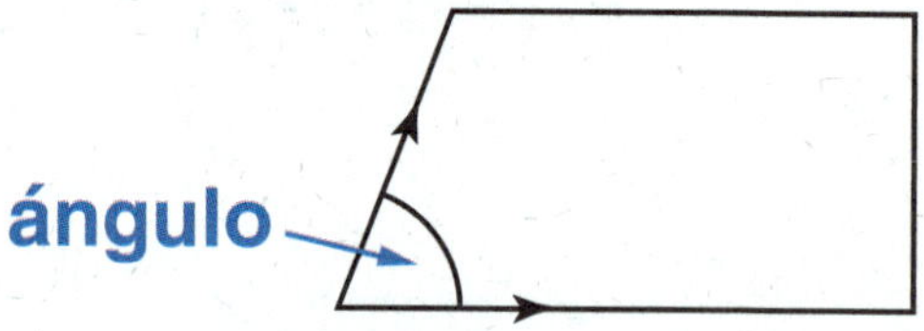

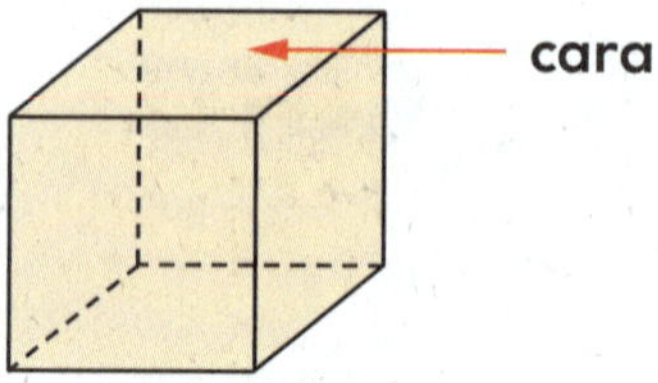

Cada superficie plana de este cubo es una **cara**.

Una figura bidimensional de 4 lados es un **cuadrilátero**.

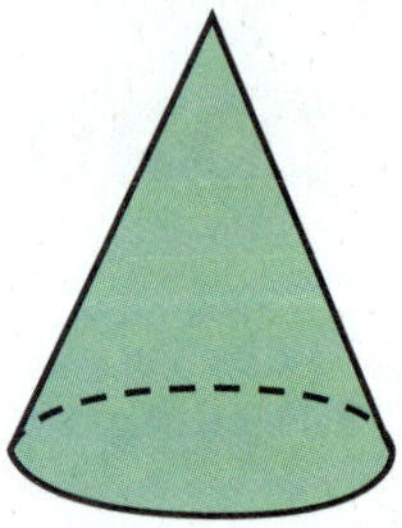

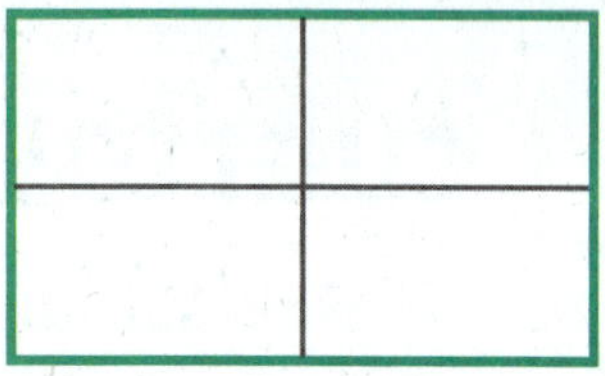

Esta figura tiene 4 partes iguales. estas partes iguales se llaman **cuartos**.

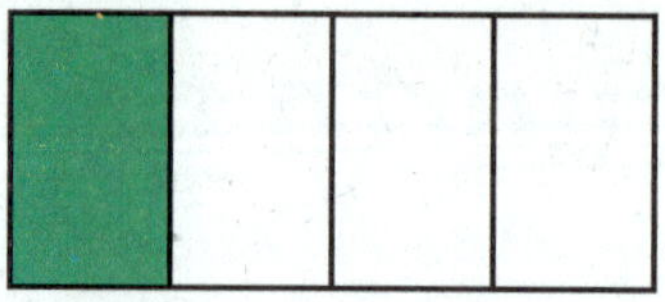

Un **cuarto de** la figura es verde.

Vocabulario del Capítulo 11 *(continuación)*

cubo cube 16	**esfera** sphere 28
hexágono hexagon 31	**lado** side 33
mitades halves 41	**pentágono** pentagon 49
prisma rectangular rectangular prism 52	**tercios** thirds 61

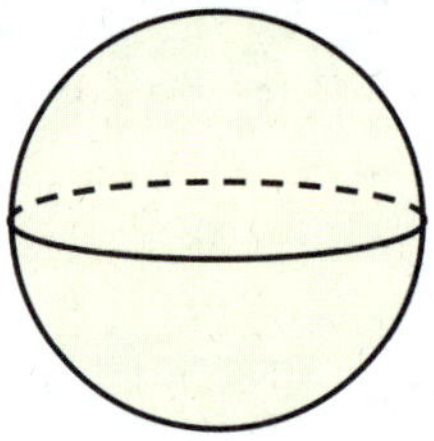

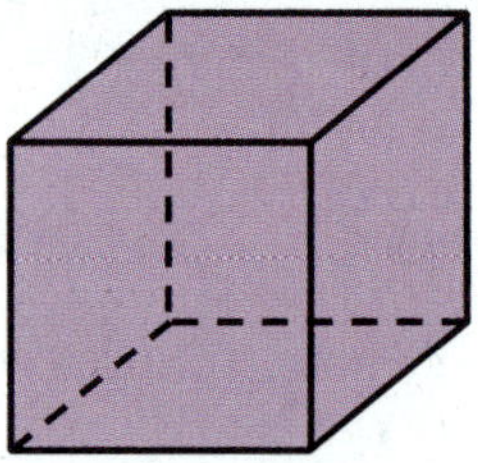

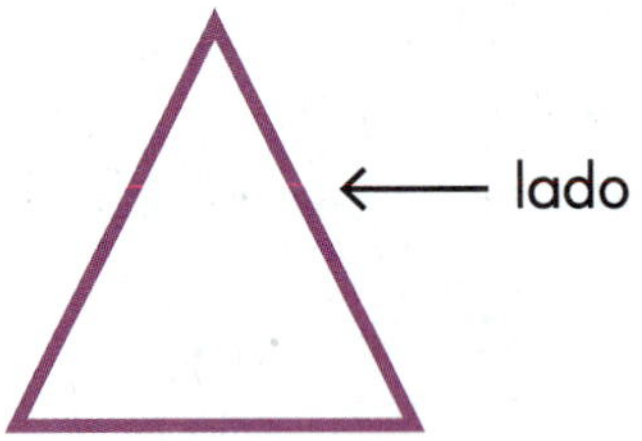

Los triángulos tienen 3 lados.

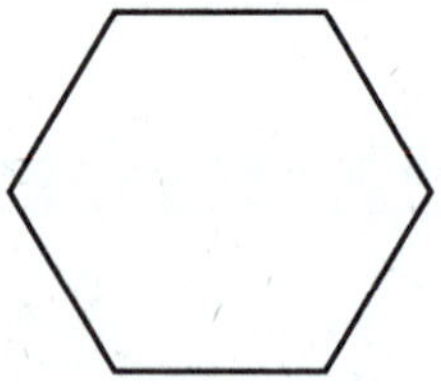

Una figura bidimensional de 6 lados es un **hexágono**.

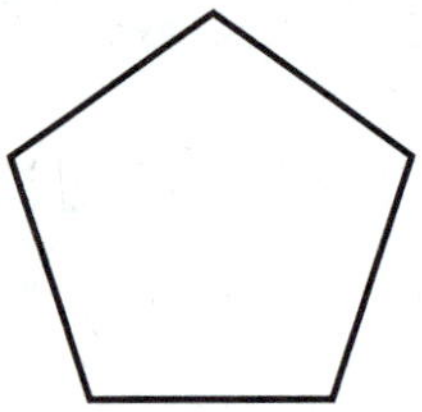

Una figura bidimensional de 5 lados es un **pentágono**.

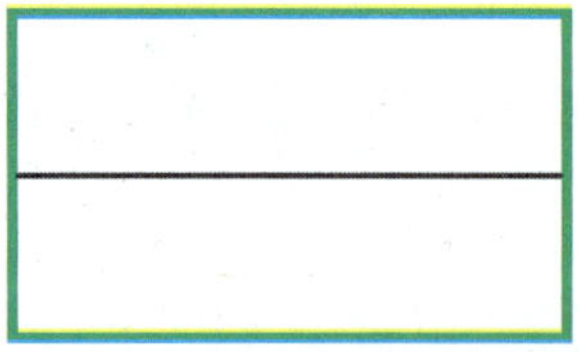

Esta figura tiene 2 partes iguales. Estas partes iguales se llaman **mitades**.

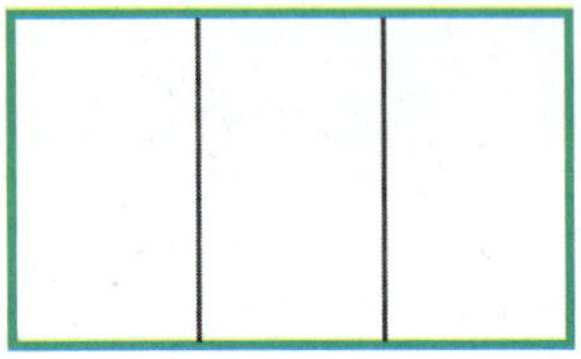

Esta figura tiene 3 partes iguales. Estas partes iguales se llaman **tercios**.

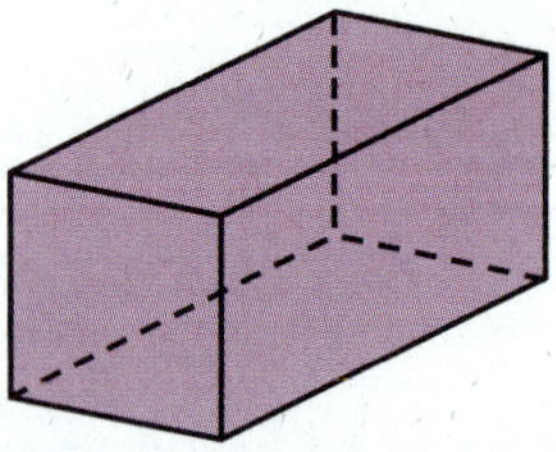

un cuarto de a fourth of 62	**un tercio de** third of 63
vértice/vértices vertex/vertices 65	

Un **tercio de** la figura es verde.

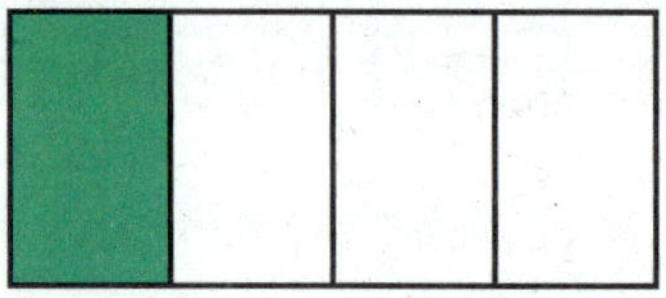

Un **cuarto de** la figura es verde.

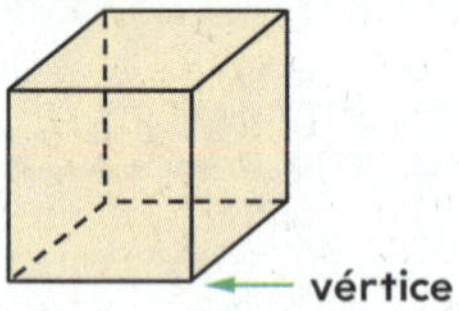

Un **vértice** es el punto de una esquina de una figura tridimensional.

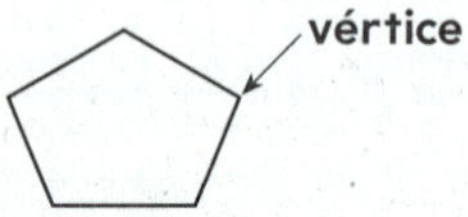

Esta figura tiene 5 vértices.

Vamos a la carrera de globos

Recuadro de palabras

- ángulo
- arista
- cara
- cilindro
- cono
- cuadrilátero
- cuartos
- cubo
- hexágono
- lado
- mitades
- pentágono
- prisma rectangular
- tercios
- vértice

Jugadores: 2

Materiales

- 1 
- 1 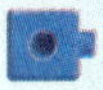
- 1 
- Tarjetas clave

Instrucciones

1. Coloca tu  en la SALIDA.
2. Lanza el , y muévete esa cantidad de espacios.
3. Si caes en estos espacios:
   Espacio azul Sigue las instrucciones.
   Espacio rojo Saca una Tarjeta clave de la pila.
   Si respondes la pregunta de manera correcta, te quedas con la tarjeta. De lo contrario, devuelve la tarjeta y colócala en la parte de abajo de la pila.
4. Junta al menos 5 Tarjetas clave. Muévete por el recorrido tantas veces como sea necesario.
5. Cuando tengas 5 Tarjetas clave, sigue el recorrido más cercano hasta el centro del tablero para llegar a la META.
6. El primer jugador que llega a la META es el ganador.

SACA UNA TARJETA CLAVE
La brisa empuja tu globo. Avanza 1.
META
SACA UNA TARJETA CLAVE
El viento saca a tu globo de la carrera. Retrocede 1.

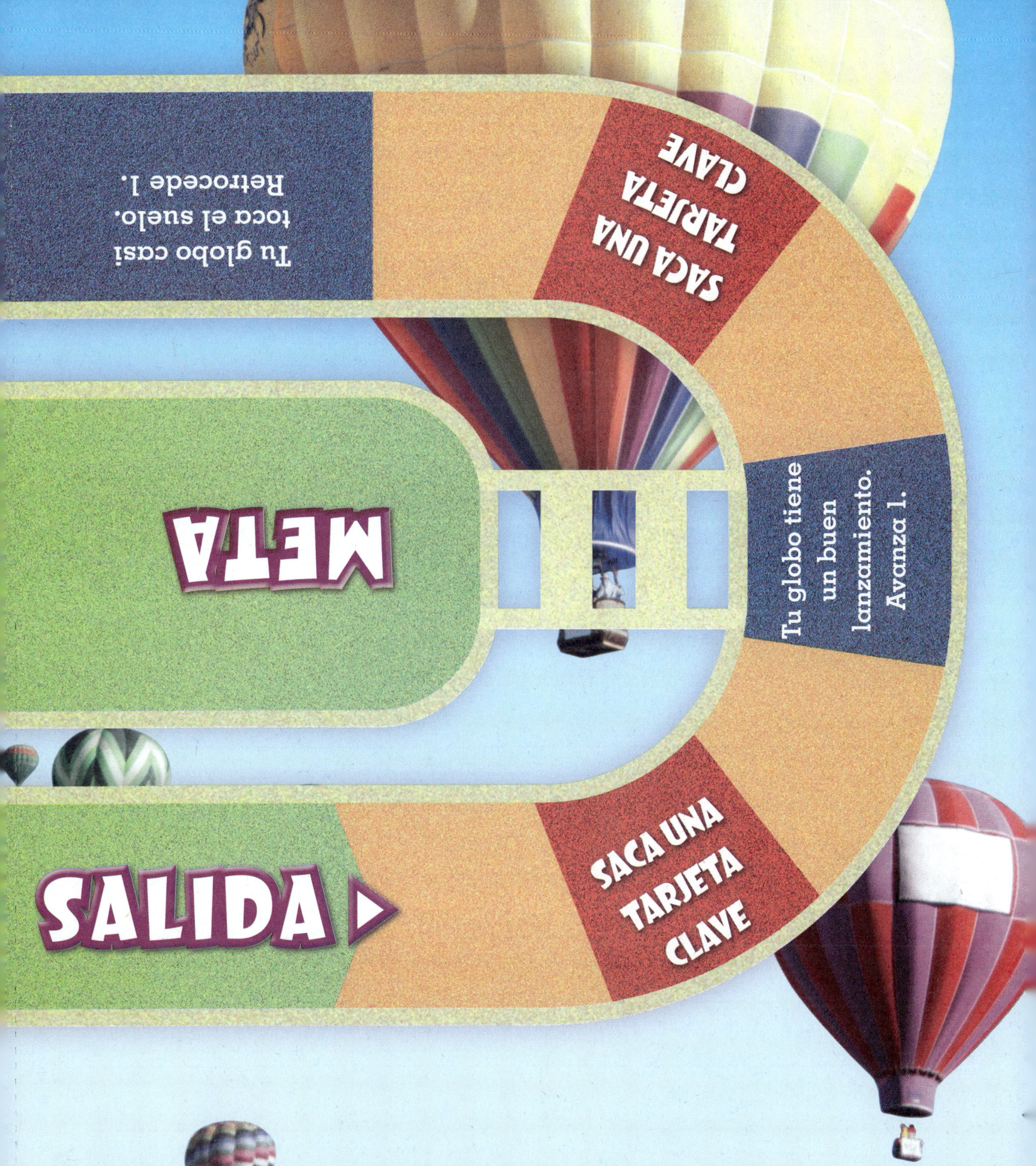
SALIDA
SACA UNA TARJETA CLAVE
Tu globo tiene un buen lanzamiento. Avanza 1.
SACA UNA TARJETA CLAVE
Tu globo casi toca el suelo. Retrocede 1.
META

Escríbelo

Reflexiona

Elige una idea. Escribe acerca de la idea en el espacio de abajo.

- Dibuja y escribe acerca de todas las palabras. Usa otra hoja de papel para tus dibujos.

  cara arista vértice

- Elige una de estas figuras. Escribe tres cosas que sabes de ellas.

  cuadrilátero pentágono hexágono

- Explica cómo sabes la diferencia entre mitades, tercios y cuartos. Si es necesario, dibuja en otra hoja de papel.

Nombre ______________________________

Figuras tridimensionales

Pregunta esencial ¿Qué objetos coinciden con las figuras tridimensionales?

Estándares comunes **Geometría—2.G.A.1**

PRÁCTICAS MATEMÁTICAS
MP3, MP6

Escucha y dibuja En el mundo

Dibuja un objeto que tenga la figura que se muestra.

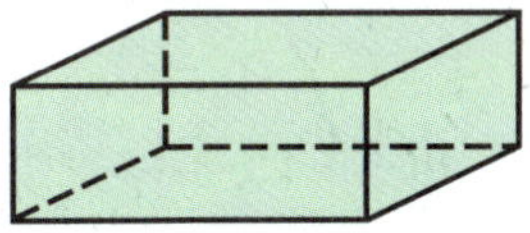

Charla matemática

PRÁCTICAS MATEMÁTICAS 3

Aplica Describe en qué se parecen las figuras. Describe en qué se diferencian.

PARA EL MAESTRO • Pida a los niños que observen la primera figura y mencionen objetos reales que tengan esa forma, como una caja de cereal. Pida a cada niño que haga el dibujo de un objeto de la vida real que tenga la misma forma. Repita la actividad con la segunda figura.

Representa y dibuja

Estas son figuras tridimensionales.

cubo

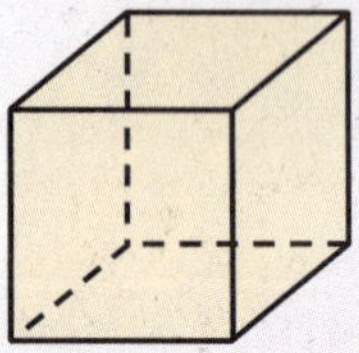

prisma rectangular

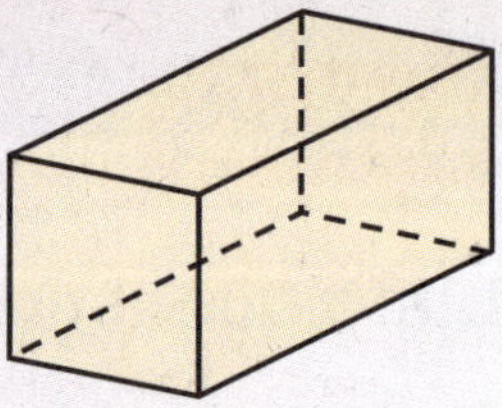

esfera

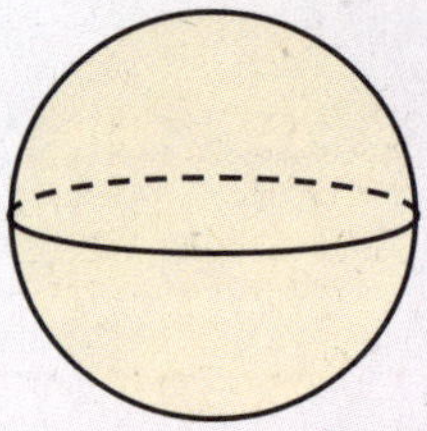

cilindro

cono

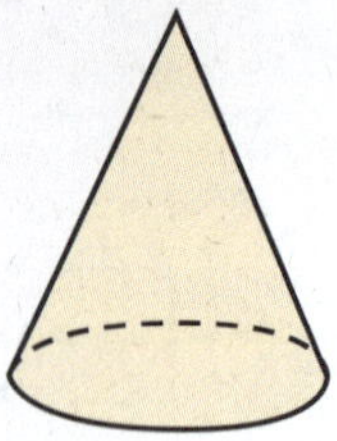

¿Cuál de estos objetos tiene la forma de un cubo?

Comparte y muestra MATH BOARD

Encierra en un círculo los objetos que coincidan con el nombre de la figura.

1. esfera

2. cubo

Nombre ______________________________

Por tu cuenta

Encierra en un círculo los objetos que coincidan con el nombre de la figura.

3. cilindro

4. prisma rectangular

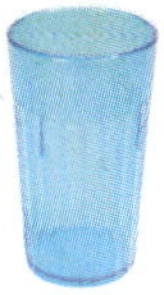

5. cono

6. MÁS AL DETALLE Julio usó cuadrados de cartón para hacer las superficies planas de un cubo. ¿Cuántos cuadrados usó?

_____ cuadrados

7. PIENSA MÁS Encierra en un círculo las figuras que tienen una superficie curva. Dibuja una X sobre las figuras que no tienen una superficie curva.

Resolución de problemas • Aplicaciones En el mundo

ESCRIBE Matemáticas

8. PRÁCTICA MATEMÁTICA 6 **Haz conexiones** Reba trazó el contorno de la parte inferior de cada bloque. Empareja cada bloque con la figura que dibujó Reba.

9. PIENSA MÁS Empareja las figuras.

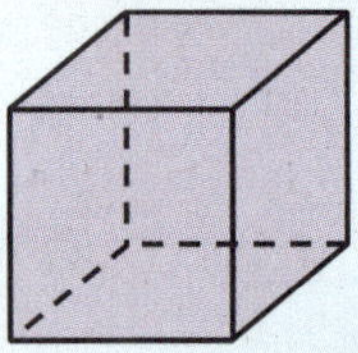
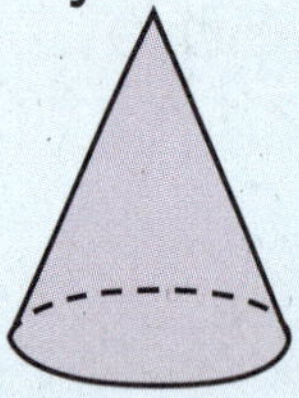

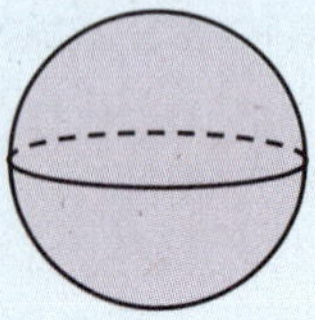

ACTIVIDAD PARA LA CASA • Pida a su niño que mencione un objeto que tenga la forma de un cubo.

Nombre ____________________

Figuras tridimensionales

Estándares comunes

ESTÁNDARES COMUNES—2.G.A.1
Razonan usando figuras geométricas y sus atributos.

Encierra en un círculo los objetos que coincidan con el nombre de la figura.

1. cubo	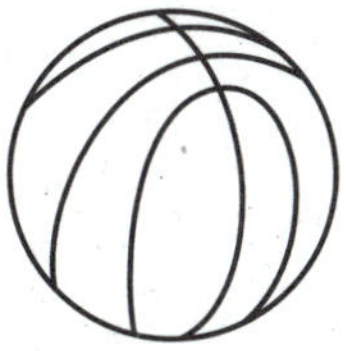		
2. cono			
3. prisma rectangular			

Resolución de problemas En el mundo

4. Lisa dibujó un círculo trazando el contorno del fondo de un bloque. ¿Cuál podría ser la forma del bloque de Lisa?

cono   cubo   prisma rectangular

5. ESCRIBE **Matemáticas** Describe una manera en la que se parecen un cubo y un cilindro. Describe una manera en la que se diferencian.

Repaso de la lección (2.G.A.1)

1. ¿Cuál es el nombre de esta figura?

____

2. ¿Cuál es el nombre de esta figura?

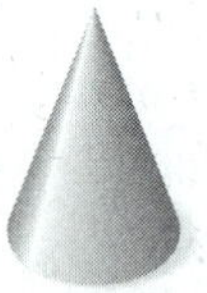

____

Repaso en espiral (2.MD.A.3, 2.MD.C.7, 2.MD.C.8)

3. La cuerda mide aproximadamente 6 centímetros de largo. ¿Cuál es la mejor estimación de la longitud del crayón?

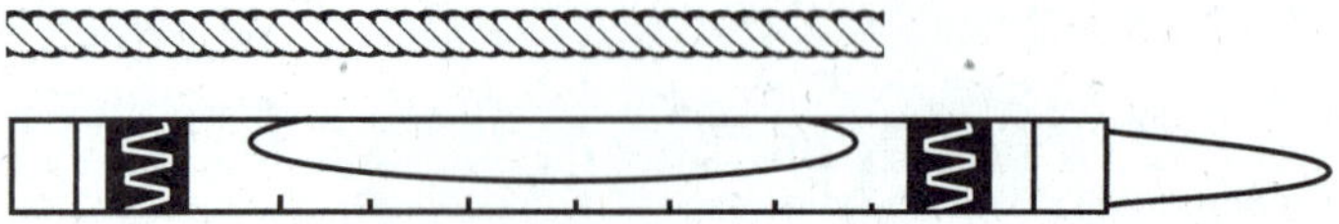

3 centímetros   9 centímetros   14 centímetros

4. ¿Cuál es el valor total de este grupo de monedas?

______

5. ¿Qué hora muestra este reloj?

____ : ____

PRACTICA MÁS CON EL Entrenador personal en matemáticas

Nombre ____________________________________

Propiedades de las figuras tridimensionales

Pregunta esencial ¿Cómo describirías las caras de un prisma rectangular y las caras de un cubo?

Estándares comunes **Geometría—2.G.A.1**

PRÁCTICAS MATEMÁTICAS
MP1, MP5, MP6

Escucha y dibuja

Encierra en un círculo los conos. Dibuja una X sobre la esfera.

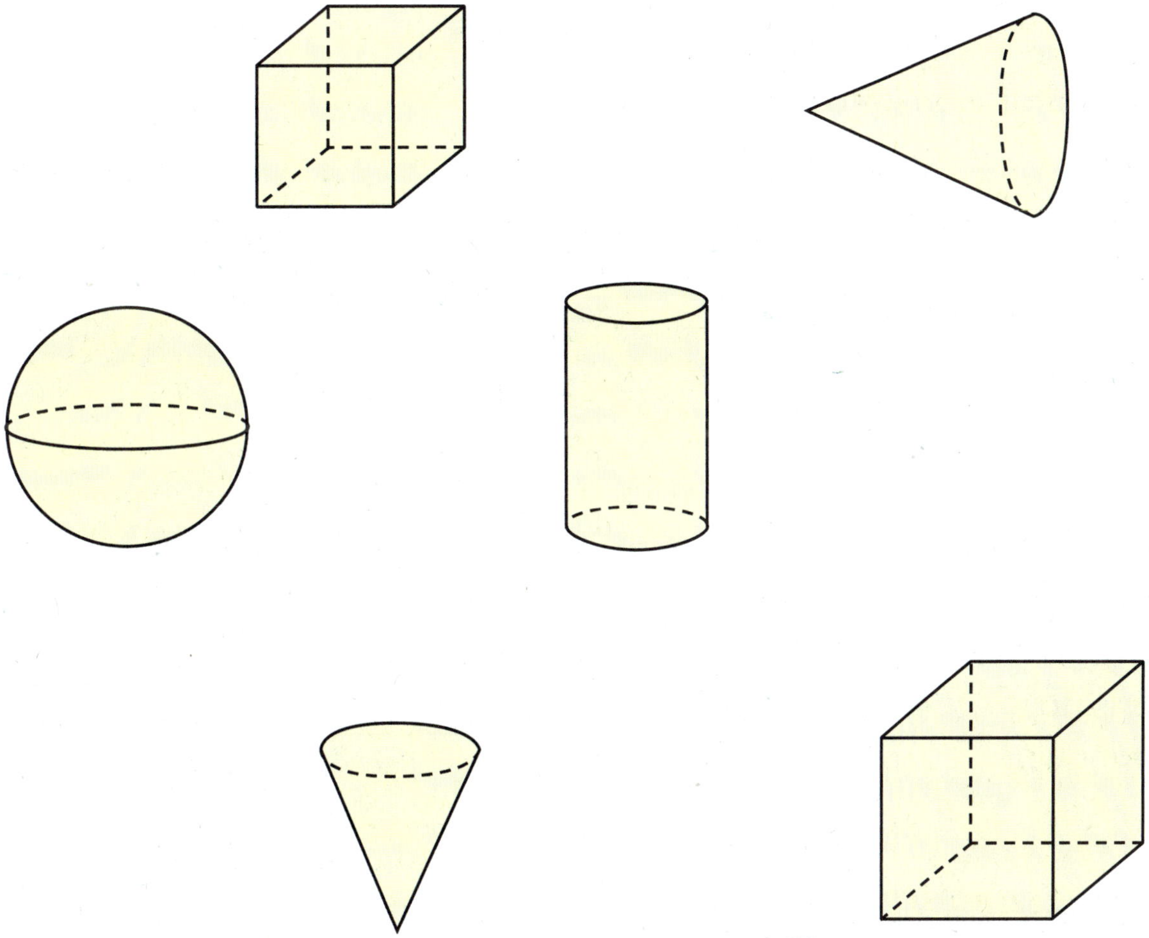

Charla matemática

PRÁCTICAS MATEMÁTICAS 1

Menciona las otras figuras de esta página. **Describe** en qué se diferencian.

NOTA A LA FAMILIA • **Su niño identificó las figuras de esta página para repasar varios tipos de figuras tridimensionales.**

Representa y dibuja

Las **caras** de un cubo son cuadradas.

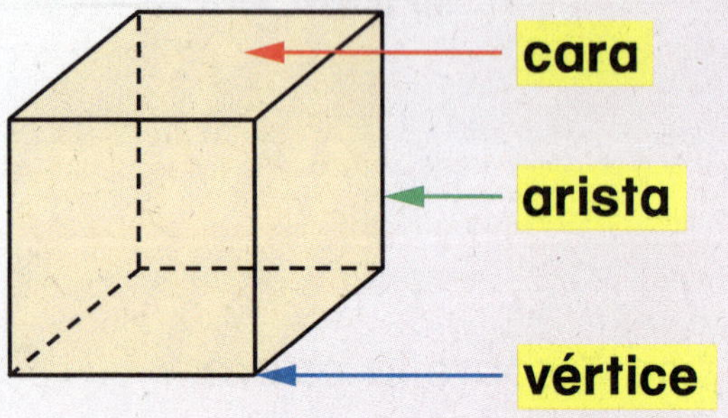

Los **vértices** son los puntos de las esquinas de un cubo.

Comparte y muestra

MATH BOARD

Escribe cuántos elementos tiene cada uno.

	caras	aristas	vértices
1. 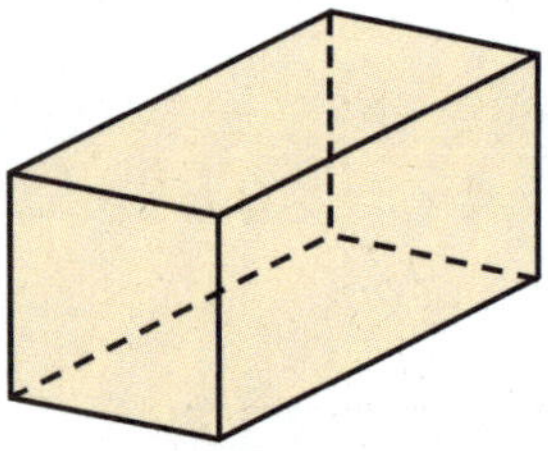 prisma rectangular	______	______	______
2. 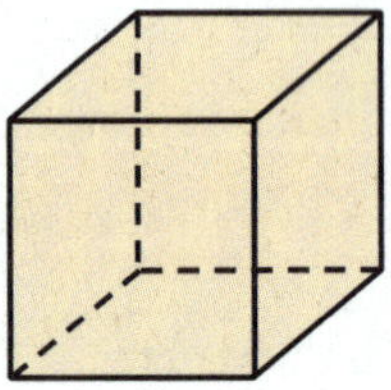 cubo	______	______	______

Nombre ______________________________

Por tu cuenta

3. MÁS AL DETALLE Usa papel punteado. Sigue estos pasos para dibujar un cubo.

Paso 1 Dibuja un cuadrado. Haz cada lado de 4 unidades de largo.

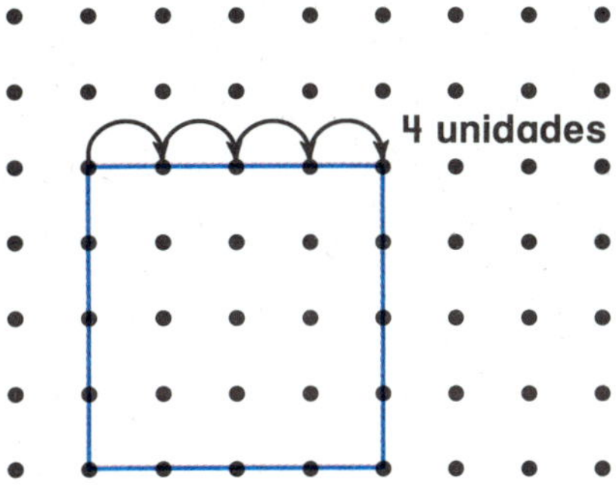

Paso 2 Dibuja aristas desde 3 vértices, de este modo.

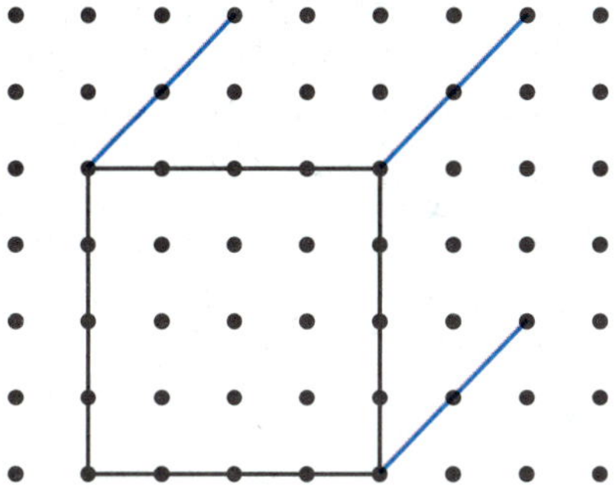

Paso 3 Dibuja 2 aristas más.

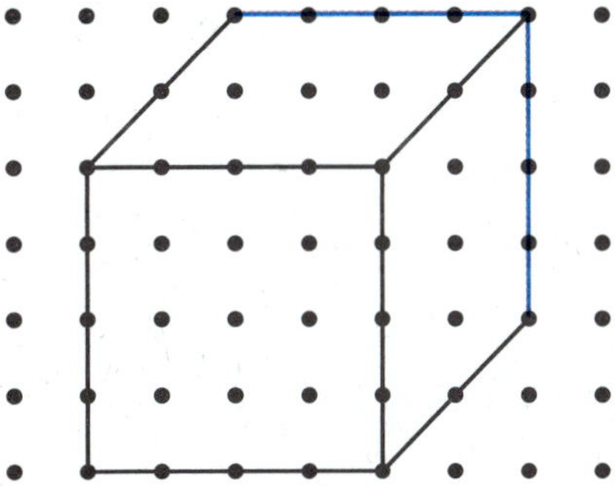

Paso 4 Dibuja 3 aristas con líneas punteadas para mostrar las caras que no se ven.

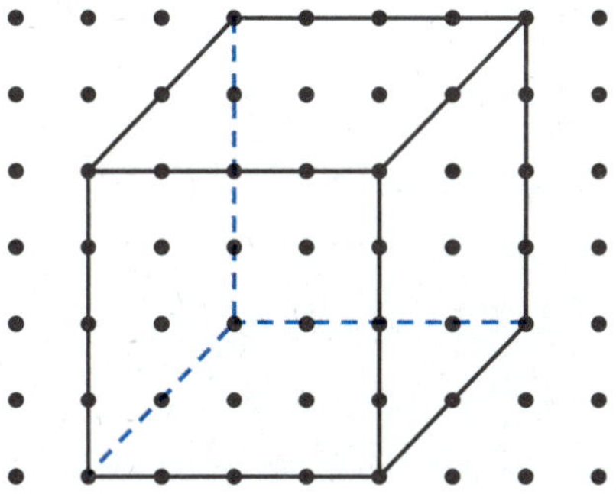

4. PIENSA MÁS Traza todas las caras de un prisma rectangular en una hoja de papel. Escribe para hablar de las figuras que dibujaste.

____

____

Resolución de problemas • Aplicaciones En el mundo

ESCRIBE Matemáticas

5. PRÁCTICA MATEMÁTICA 6 **Haz conexiones** Marcus trazó las caras de una figura tridimensional. Encierra en un círculo el nombre de la figura que usó.

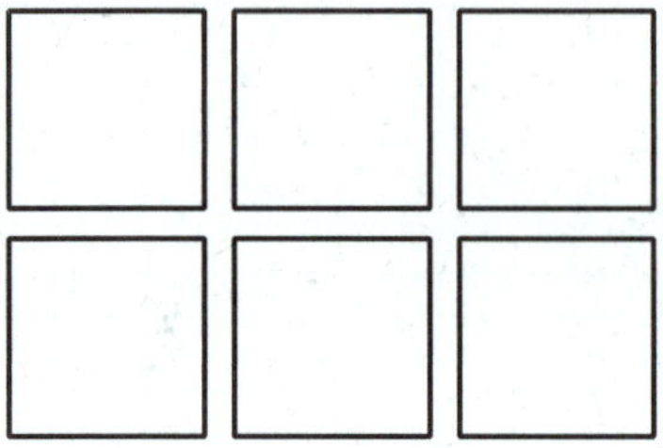

cilindro
cubo
esfera
cono

6. PIENSA MÁS Usa las palabras de las fichas cuadradas para rotular las partes del cubo.

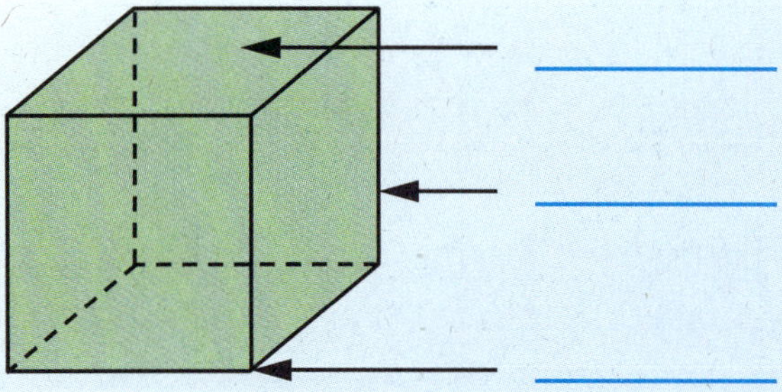

arista | cara | vértice

Describe las caras de un cubo.

____

____

ACTIVIDAD PARA LA CASA • Pida a su niño que hable sobre las caras de una caja de cereal o cualquier otro tipo de caja.

Nombre ______________________________

Propiedades de las figuras tridimensionales

Estándares comunes **ESTÁNDARES COMUNES—2.G.A.1** *Razonan usando figuras geométricas y sus atributos.*

Encierra en un círculo el conjunto de figuras que sean las caras de la figura tridimensional.

1. 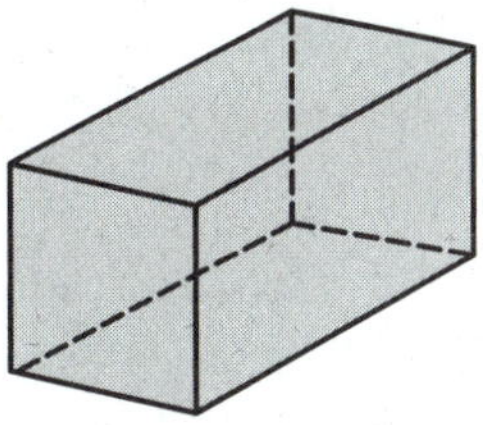

prisma rectangular

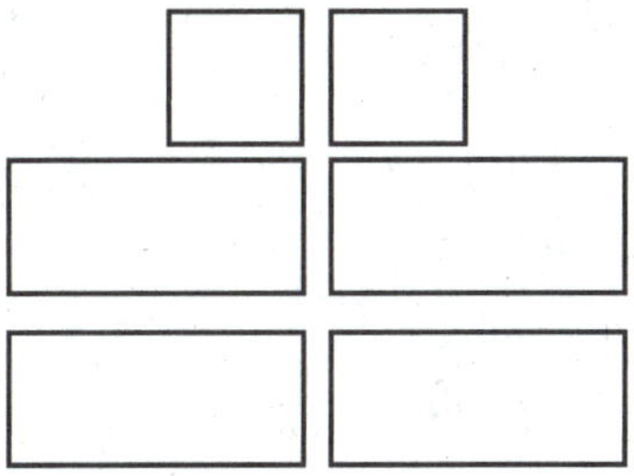

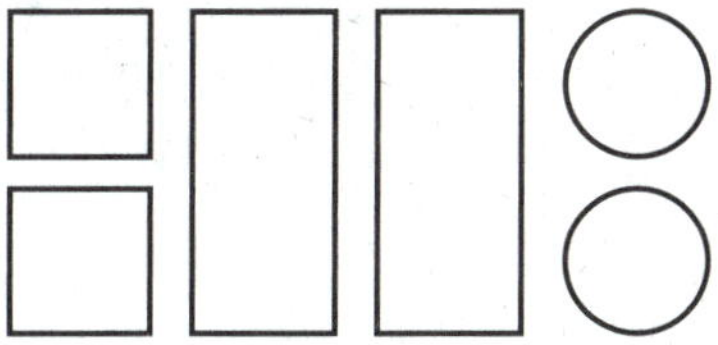

2. 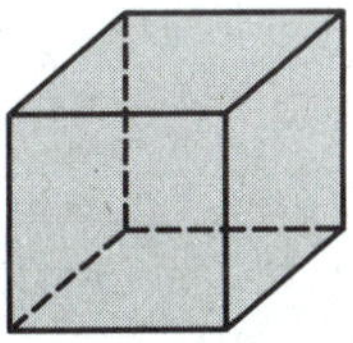

cubo

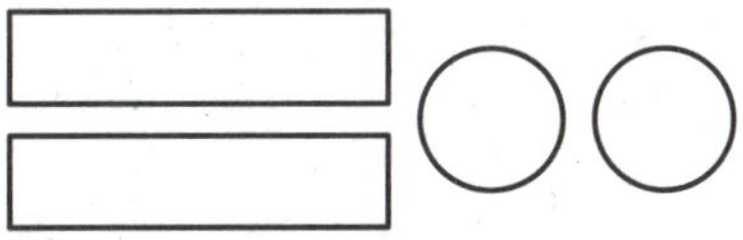

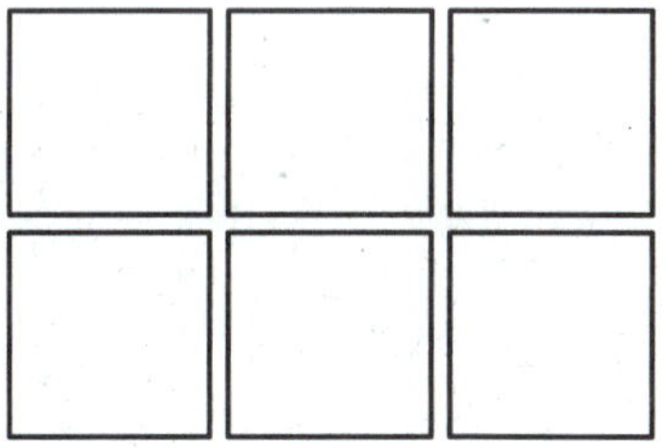

Resolución de problemas En el mundo

3. Kevin guarda sus canicas en un recipiente que tiene forma de cubo. Quiere pintar cada cara de un color diferente. ¿Cuántos colores diferentes de pintura necesita?

_____ colores diferentes de pintura

4. ESCRIBE **Matemáticas** Describe un cubo. Usa en tu descripción las palabras *caras*, *aristas* y *vértices*.

____

____

Repaso de la lección (2.G.A.1)

1. ¿Cuántas caras tiene un cubo?

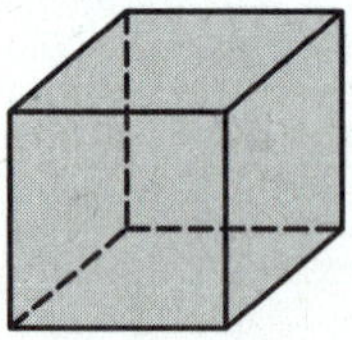

____ caras

2. ¿Cuántas caras tiene un prisma rectangular?

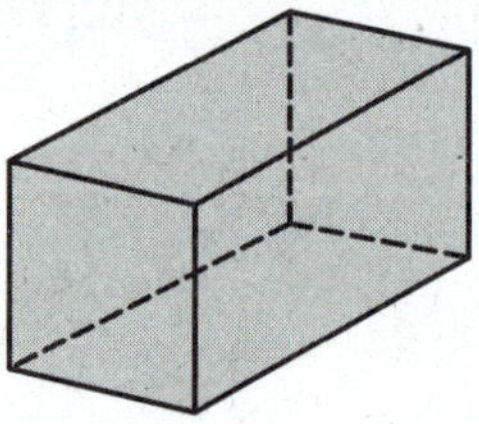

____ caras

Repaso en espiral (2.MD.C.7, 2.MD.D.9, 2.G.A.1)

3. ¿Qué hora muestra este reloj?

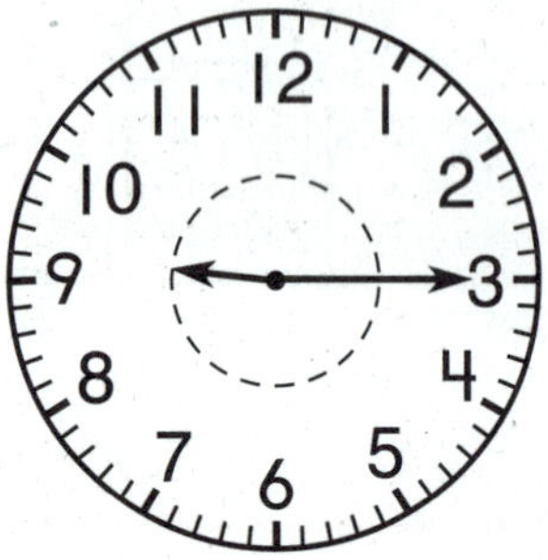

____ : ____

4. Encierra en un círculo el cono.

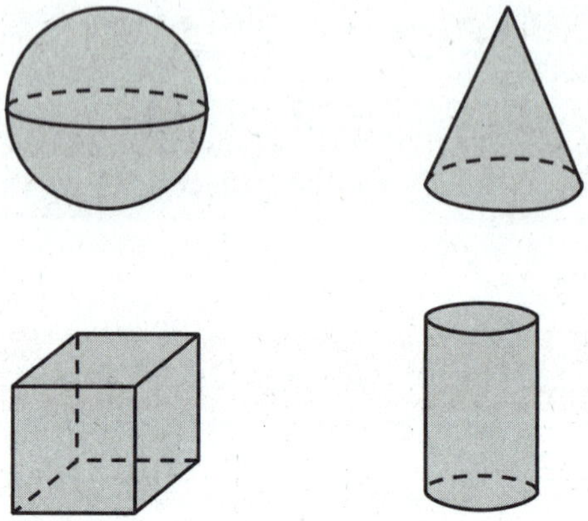

5. Usa el diagrama de puntos. ¿Cuántos libros miden 8 pulgadas de largo?

____ libros

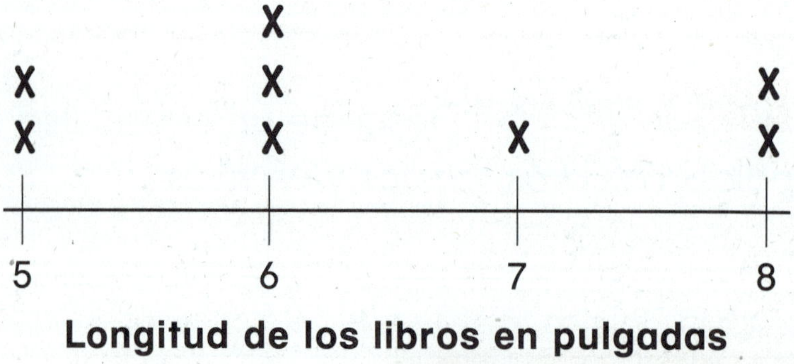

Nombre ______________________________

Construir figuras tridimensionales

Pregunta esencial ¿Cómo puedes construir un prisma rectangular?

Estándares comunes **Geometría—2.G.A.1**

PRÁCTICAS MATEMÁTICAS
MP1, MP3, MP4, MP7

Escucha y dibuja En el mundo

Encierra en un círculo las figuras con superficies curvas.
Dibuja una X sobre las figuras con superficies planas.

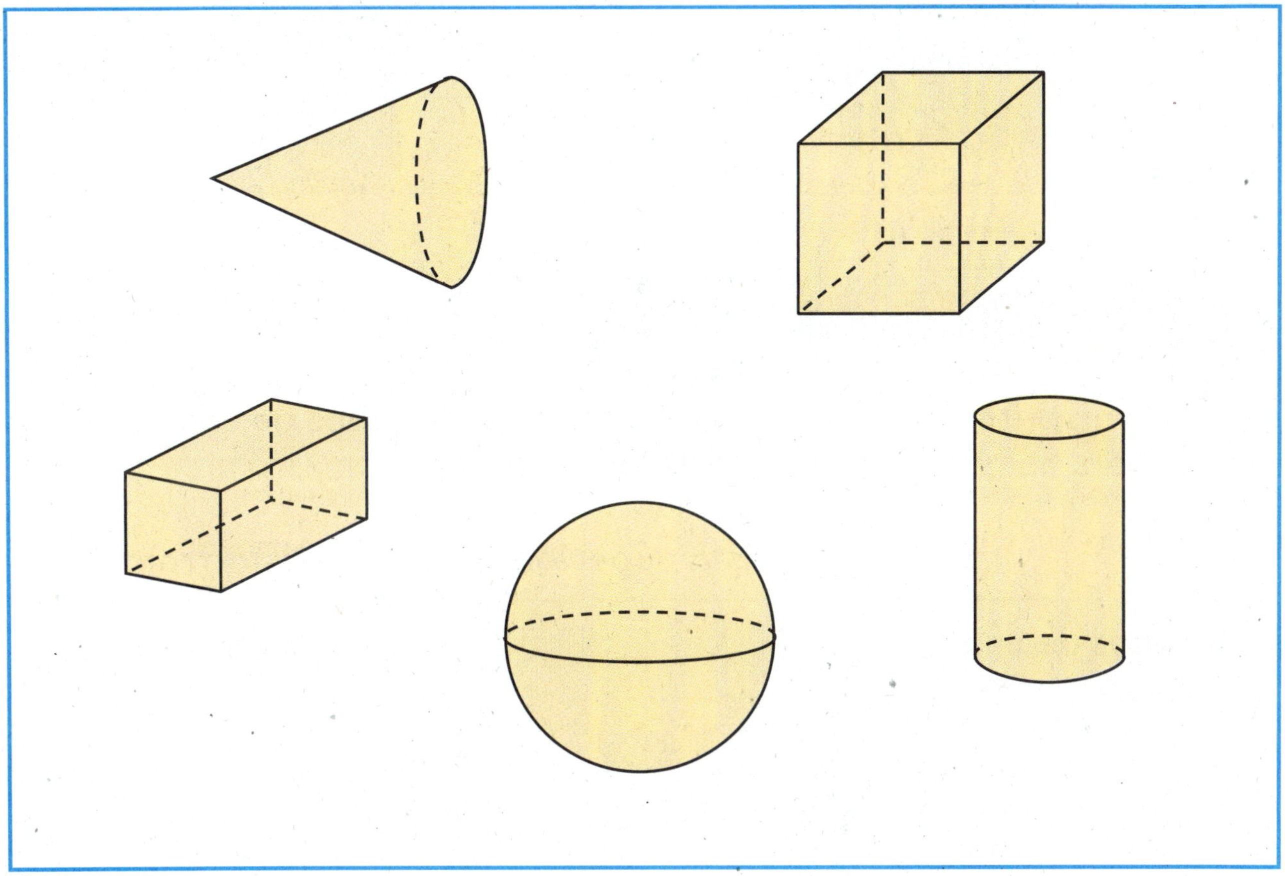

Charla matemática

PRÁCTICAS MATEMÁTICAS 3

Nombra las figuras sobre las que dibujaste una X. **Describe** en qué se diferencian.

NOTA A LA FAMILIA • Su hijo clasificó las figuras de esta página usando los atributos de las figuras.

Representa y dibuja

Construye este prisma rectangular con 12 cubos de una unidad.

El sombreado muestra las vistas superior y frontal.

vista superior

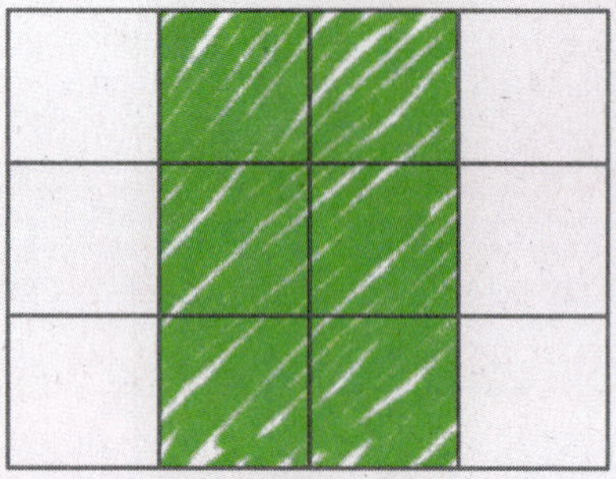

vista frontal

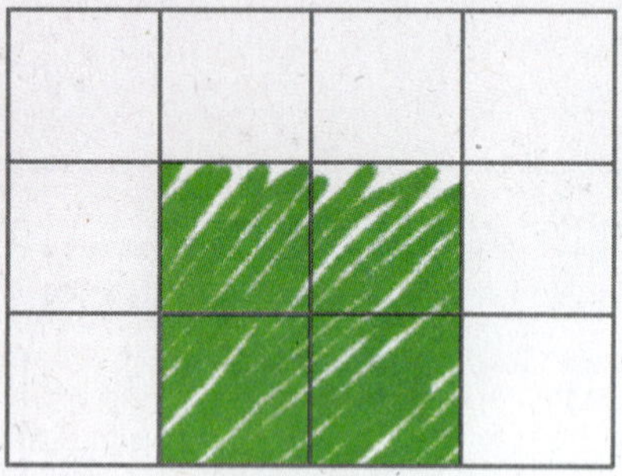

Comparte y muestra MATH BOARD

Construye un prisma rectangular con el número de cubos de una unidad dado. Sombrea para mostrar las vistas superior y frontal.

	vista superior	vista frontal
1. 9 cubos de una unidad		
2. 16 cubos de una unidad		

Nombre ______________________

Por tu cuenta

Construye un prisma rectangular con el número de cubos de una unidad dado. Sombrea para mostrar las vistas superior y frontal.

	vista superior	vista frontal
3. 24 cubos de una unidad	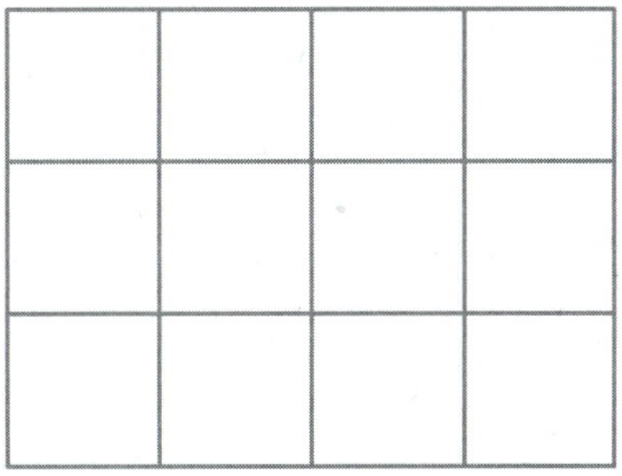	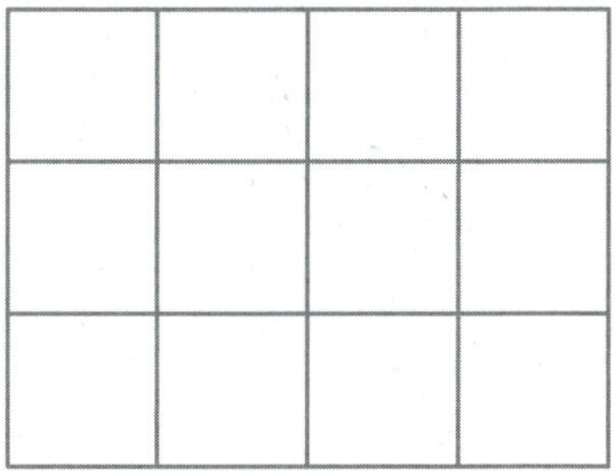

4. PIENSA MÁS Se muestran las vistas superior, lateral y frontal de un prisma rectangular. Construye el prisma. ¿Cuántos cubos de una unidad se utilizan para construir el sólido?

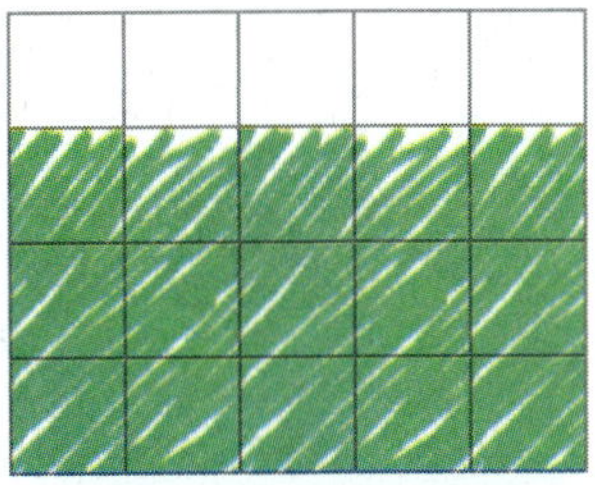

vista superior

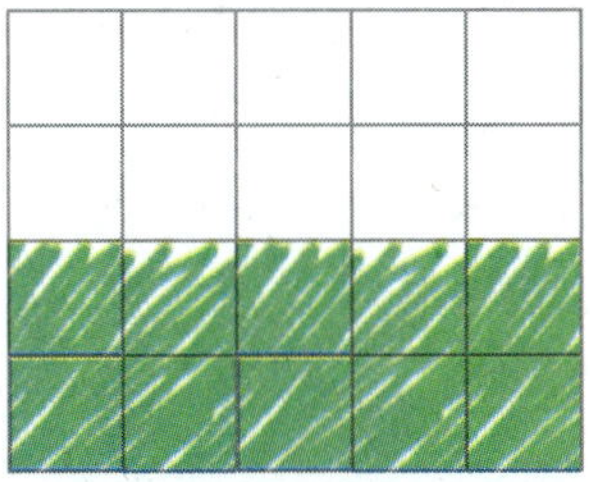

vista frontal

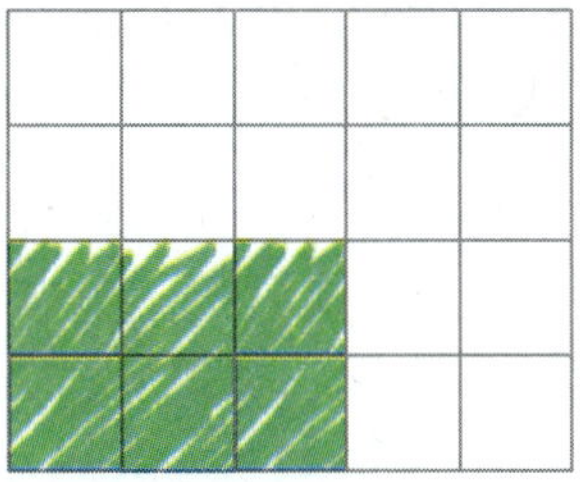

vista lateral

_______ cubos de una unidad

5. PRÁCTICA MATEMÁTICA 1 **Analiza** Jen usa 18 cubos para construir un prisma rectangular. Se muestran las vistas superior y frontal. Sombrea para mostrar la vista lateral.

vista superior

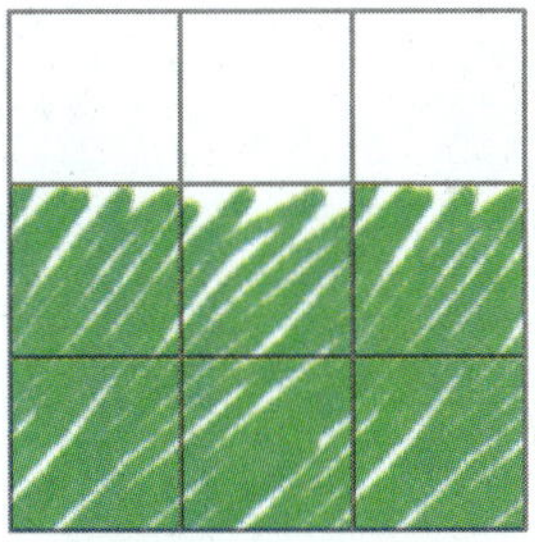

vista frontal

vista lateral

Resolución de problemas • Aplicaciones En el mundo

ESCRIBE Matemáticas

Resuelve. Escribe o dibuja para explicar.

6. MÁS AL DETALLE Tomas construyó este prisma rectangular. ¿Cuántos cubos de una unidad usó?

_____ cubos

7. PRÁCTICA MATEMÁTICA 7 **Busca la estructura**
Theo construye la primera capa de un prisma rectangular con 4 cubos. Agrega 3 capas más de 4 cubos cada una. ¿Cuántos cubos usó para el prisma?

_____ cubos

Entrenador personal en matemáticas

8. PIENSA MÁS + Tyler construyó este prisma rectangular con cubos de una unidad. Luego lo separó y usó todos los cubos para construir dos prismas nuevos. Rellena los círculos al lado de los dos prismas que construyó.

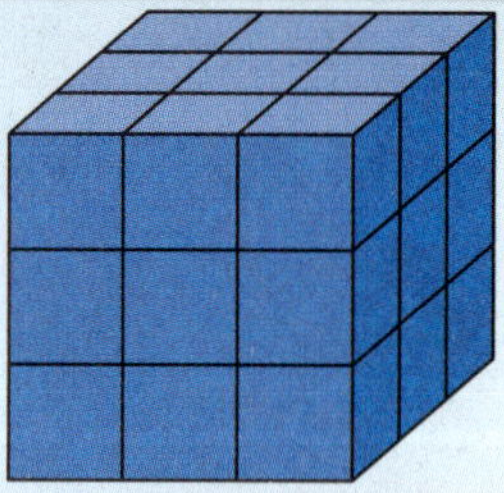

○ 

○ 

○ 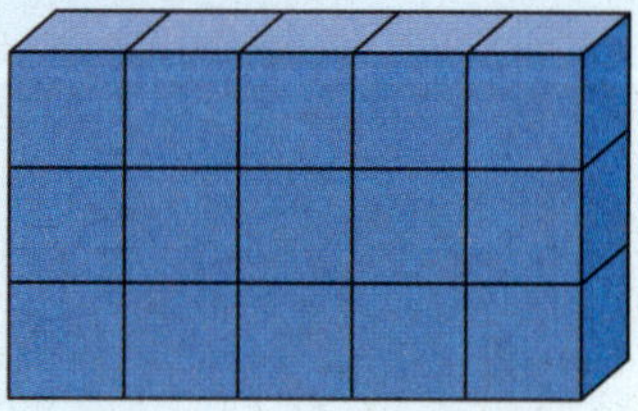

ACTIVIDAD PARA LA CASA • Pida a su niño que muestre cómo resolvió un ejercicio de esta lección.

Nombre ______________________________

Construir figuras tridimensionales

ESTÁNDARES COMUNES—2.G.A.1
Razonan usando figuras geométricas y sus atributos.

Construye un prisma rectangular con los cubos de una unidad dados. Sombrea para mostrar las vistas superior y frontal.

	vista superior	**vista frontal**
1. 12 cubos de una unidad		

Resolución de problemas — En el mundo

Resuelve. Escribe o dibuja para explicar.

2. Rosie construyó este prisma rectangular. ¿Cuántos cubos de una unidad usó?

_____ cubos de una unidad

3. ESCRIBE Matemáticas Construye un prisma rectangular con cubos. Luego dibuja en tu cuaderno las vistas superior, lateral e inferior de tu prisma.

Repaso de la lección (2.G.A.1)

1. Milt construye la primera capa de un prisma rectangular usando 3 cubos. Añade 2 capas más de 3 cubos cada una. ¿Cuántos cubos usó Milt para el prisma?

   ____ cubos

2. Thea construye la primera capa de un prisma rectangular usando 4 cubos. Raj añade 4 capas más de 4 cubos cada una. ¿Cuántos cubos usaron para el prisma?

   ____ cubos

Repaso en espiral (2.NBT.B.5, 2.MD.C.7, 2.MD.D.10)

3. La clase de danza de Patti empieza a las cuatro y cuarto. ¿A qué hora empieza la clase de danza de Patti?

   ____ : ____

4. Nicole tiene 56 cuentas.Charles tiene 34 cuentas. ¿Cuántas más cuentas tiene Nicole que Charles?

   ____ más cuentas

Usa la gráfica de barras.

5. ¿Qué tipo de fruta recibió la menor cantidad de votos?

   ____

6. ¿Cuántos votos más recibió la uva que la manzana?

   ____ votos más

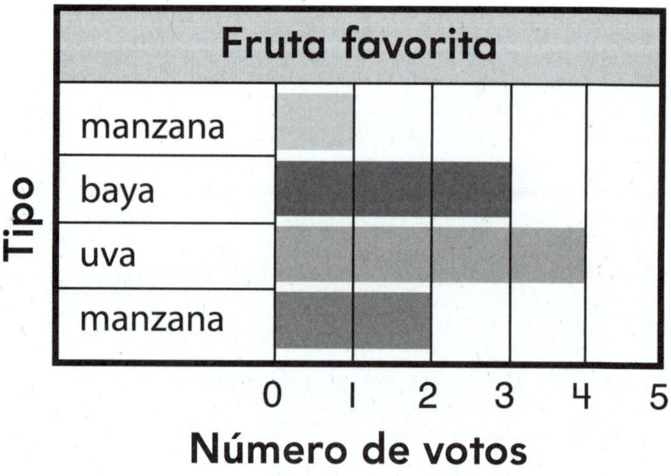

PRACTICA MÁS CON EL Entrenador personal en matemáticas

Nombre ____________________

Figuras bidimensionales

Pregunta esencial ¿Qué figuras puedes nombrar solo con saber el número de lados y de vértices?

Estándares comunes **Geometría—2.G.A.1**

PRÁCTICAS MATEMÁTICAS
MP4, MP7

Escucha y dibuja

Manos a la obra

Usa una regla. Dibuja una figura con 3 lados rectos.
Luego dibuja una figura con 4 lados rectos.

Charla matemática

PRÁCTICAS MATEMÁTICAS 7

Describe en qué se diferencian tus figuras de las figuras que dibujó un compañero.

PARA EL MAESTRO • Pida a los niños que tracen los lados de las figuras usando los bordes rectos de sus reglas. Pida a los niños que dibujen una figura bidimensional de 3 lados y luego una figura bidimensional de 4 lados.

Representa y dibuja

Puedes contar los **lados** y los **vértices** para saber el nombre de las figuras bidimensionales. Observa cuántos lados y vértices tiene cada figura.

triángulo

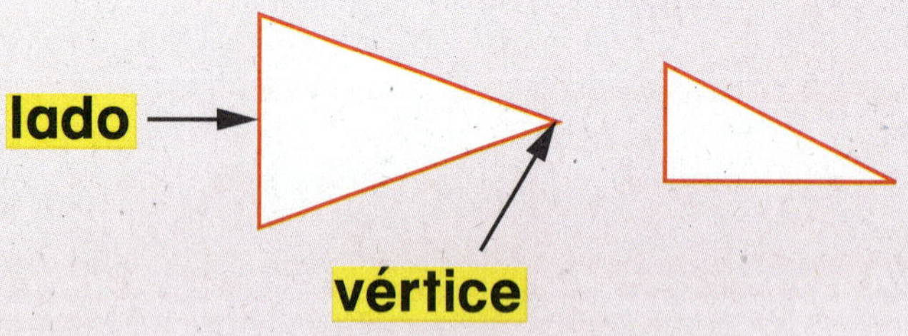

3 lados

3 vértices

cuadrilátero

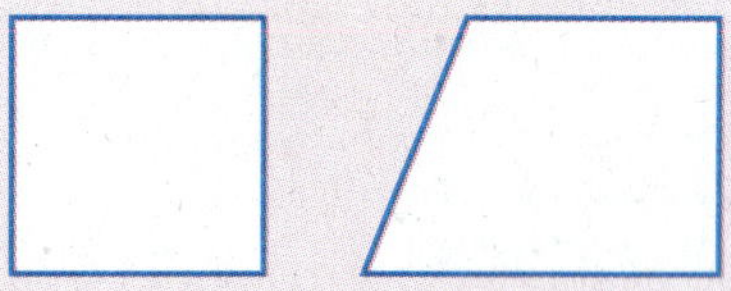

4 lados

____ vértices

pentágono

____ lados

____ vértices

hexágono

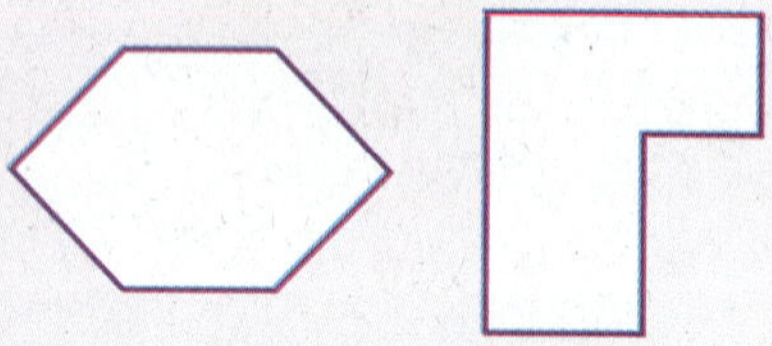

____ lados

____ vértices

Comparte y muestra

MATH BOARD

Escribe el número de lados y el número de vértices.

1. triángulo

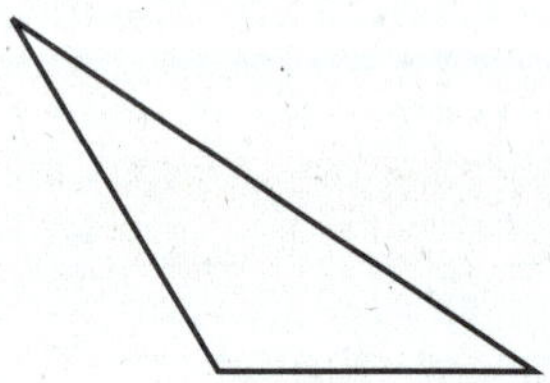

____ lados

____ vértices

2. hexágono

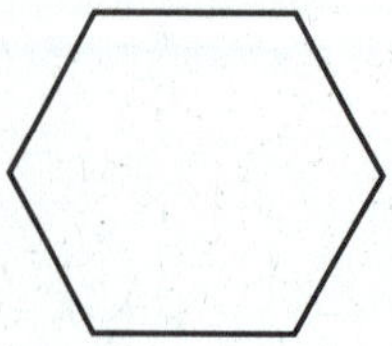

____ lados

____ vértices

3. pentágono

____ lados

____ vértices

Nombre ______________________

Por tu cuenta

Escribe el número de lados y el número de vértices. Luego escribe el nombre de la figura.

pentágono
triángulo
hexágono
cuadrilátero

4.

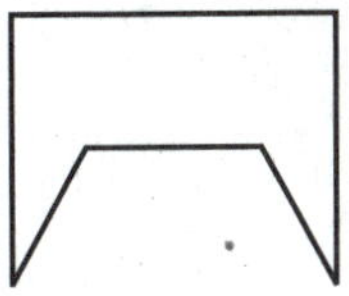

_____ lados

_____ vértices

____

5.

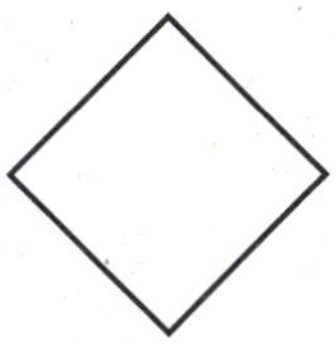

_____ lados

_____ vértices

____

6.

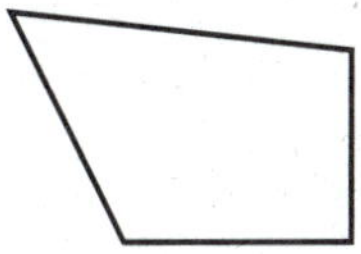

_____ lados

_____ vértices

____

7.

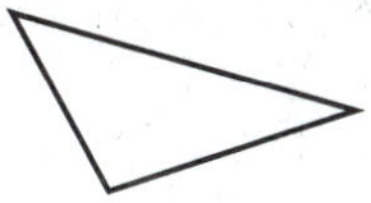

_____ lados

_____ vértices

____

8.

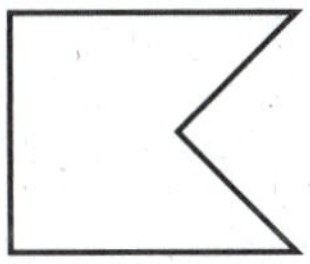

_____ lados

_____ vértices

____

9.

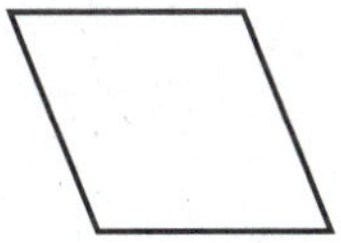

_____ lados

_____ vértices

____

MÁS AL DETALLE Dibuja más lados para formar la figura.

10. pentágono

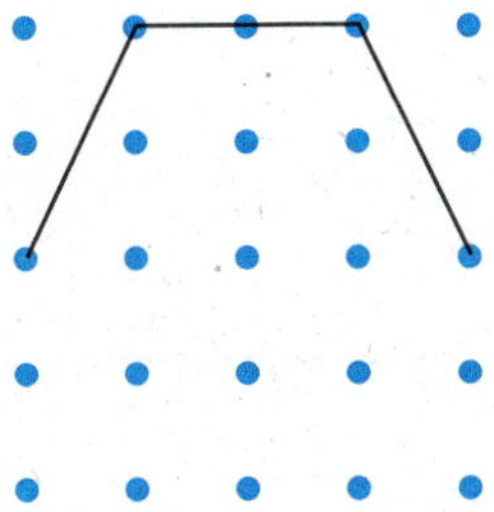

11. cuadrilátero

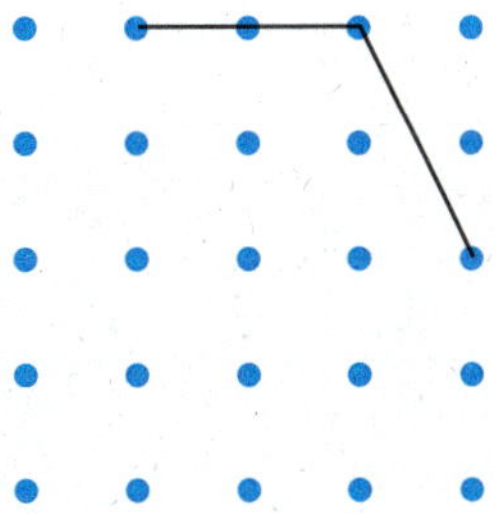

12. hexágono

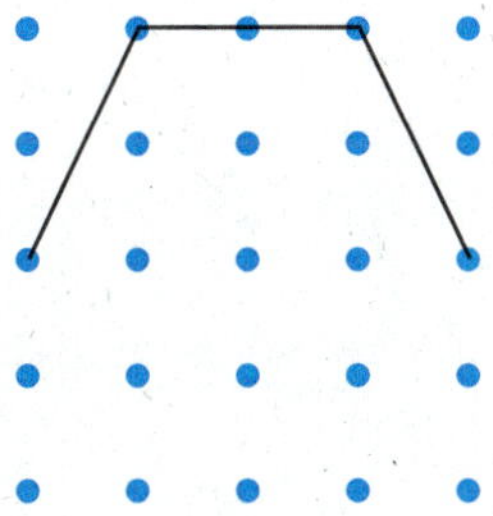

Resolución de problemas • Aplicaciones En el mundo

ESCRIBE Matemáticas

Resuelve. Escribe o dibuja para explicar.

13. PIENSA MÁS Álex dibuja un hexágono y dos pentágonos. ¿Cuántos lados dibuja en total?

Matemáticas al instante

_____ lados

14. PRÁCTICA MATEMÁTICA 4 **Usa diagramas**
Ed dibuja una figura que tiene 4 lados. No es un cuadrado. No es un rectángulo. Dibuja una figura que podría ser la figura de Ed.

15. PIENSA MÁS Cuenta los lados y los vértices de cada figura bidimensional. Dibuja cada figura en el lugar de la tabla que le corresponde.

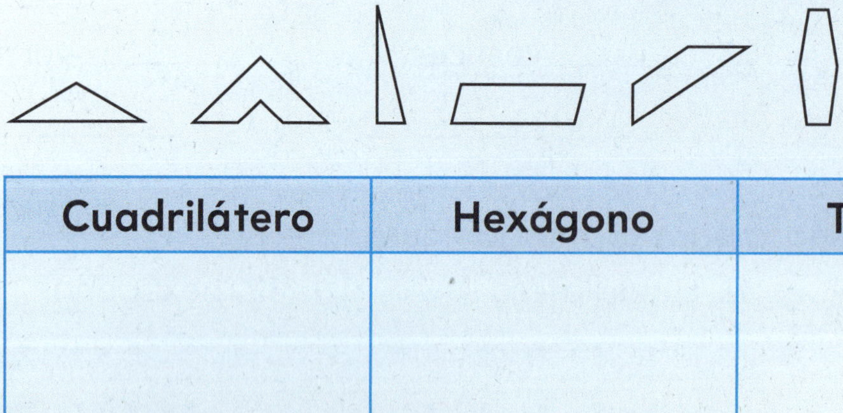

Cuadrilátero	Hexágono	Triángulo

ACTIVIDAD PARA LA CASA • Pida a su niño que dibuje una figura que sea un cuadrilátero.

Nombre ______________________________

Figuras bidimensionales

Estándares comunes

ESTÁNDARES COMUNES—2.G.A.1
Razonan usando figuras geométricas y sus atributos.

Escribe el número de lados y el número de vértices. Luego escribe el nombre de la figura.

pentágono | triángulo | hexágono | cuadrilátero

1.

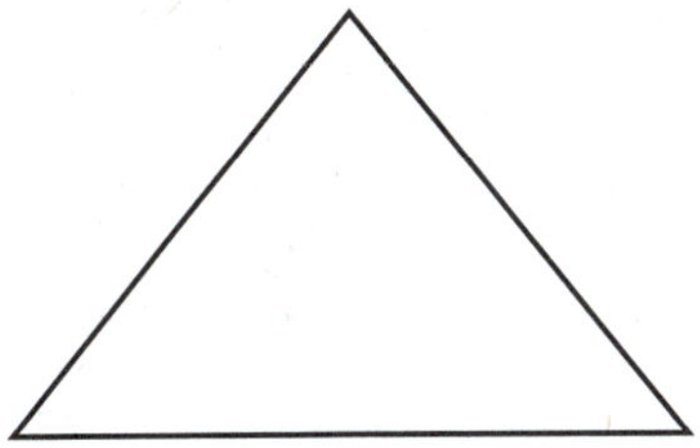

_____ lados

_____ vértices

____

2.

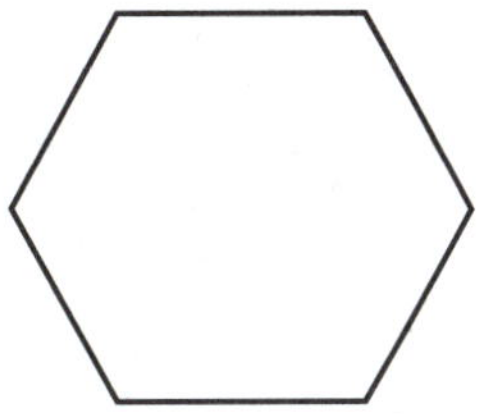

_____ lados

_____ vértices

____

3.

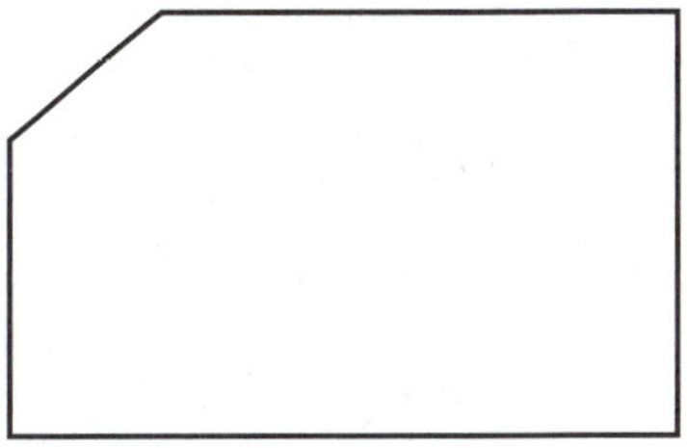

_____ lados

_____ vértices

____

Resolución de problemas En el mundo

Resuelve. Escribe o dibuja para explicar.

4. Oscar hace el dibujo de una casa. Dibuja una ventana con forma de pentágono. ¿Cuántos lados tiene esta ventana?

_____ lados

5. ESCRIBE Matemáticas Dibuja y rotula un pentágono y un cuadrilátero.

Repaso de la lección (2.G.A.1)

1. ¿Cuántos lados tiene un hexágono?

____ lados

2. ¿Cuántos vértices tiene un cuadrilátero?

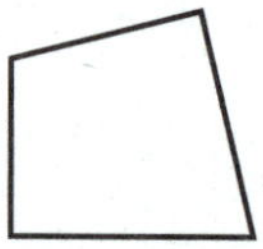

____ vértices

Repaso en espiral (2.MD.A.1, 2.MD.D.10)

3. Usa una regla en centímetros. ¿Cuál es la longitud de la cinta al centímetro más cercano?

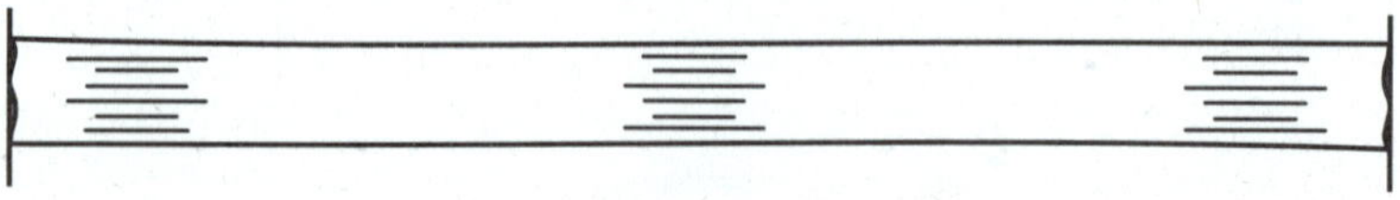

____ centímetros

4. Observa la gráfica con dibujos. ¿Cuántos niños más eligieron manzanas en lugar de naranjas?

____ niños más

Fruta favorita

manzanas	☺	☺	☺	☺	
naranjas	☺	☺			
uvas	☺	☺	☺		
duraznos	☺	☺			

Clave: Cada ☺ representa 1 niño.

Nombre ______________________________

Ángulos de figuras bidimensionales

Pregunta esencial ¿Cómo hallas y cuentas los ángulos de las figuras bidimensionales?

Estándares comunes **Geometría—2.G.A.1**

PRÁCTICAS MATEMÁTICAS
MP1, MP4, MP7

Escucha y dibuja

Manos a la obra

Usa una regla. Dibuja dos triángulos diferentes.
Luego dibuja dos rectángulos diferentes.

Charla matemática

PRÁCTICAS MATEMÁTICAS 1

Describe un triángulo y un rectángulo. Habla sobre sus lados y sus vértices.

PARA EL MAESTRO • Pida a los niños que usen lápices y reglas (u otros objetos con bordes rectos) para dibujar las figuras. Pídales que dibujen dos triángulos diferentes en la caja verde y dos rectángulos diferentes en la caja morada.

Representa y dibuja

Cuando dos lados de una figura se unen, forman un **ángulo**.

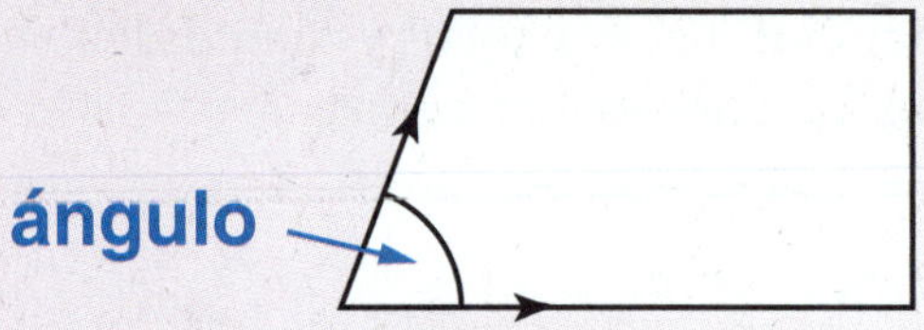

Esta figura tiene 3 ángulos.

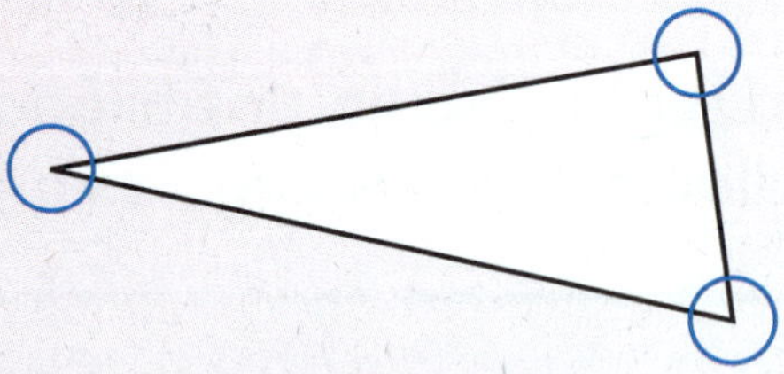

Comparte y muestra MATH BOARD

Encierra en un círculo los ángulos de cada figura. Escribe cuántos hay.

1.

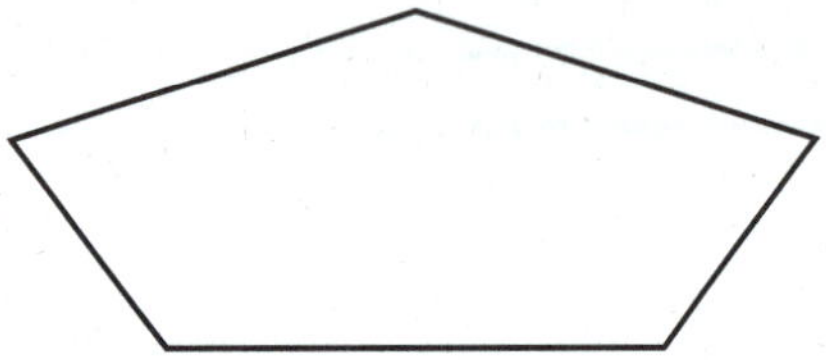

_____ ángulos

2.

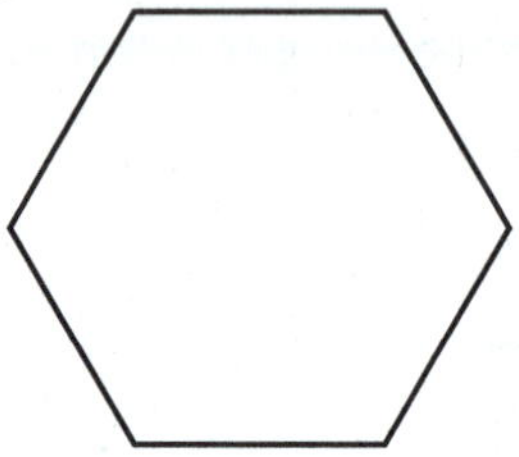

_____ ángulos

3.

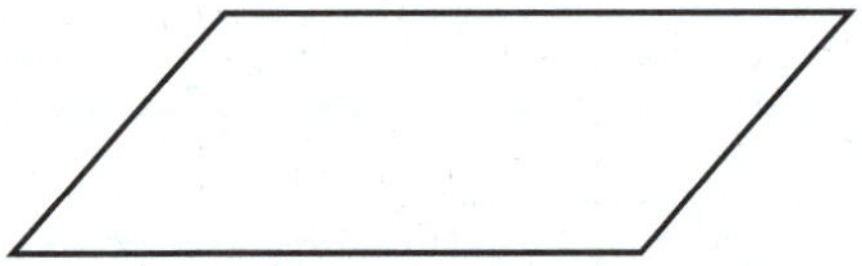

_____ ángulos

4.

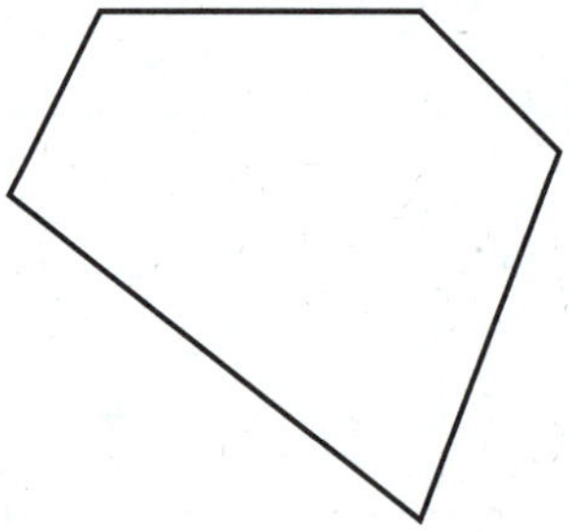

_____ ángulos

Nombre ______________________________

Por tu cuenta

Encierra en un círculo los ángulos de cada figura.
Escribe cuántos hay.

5.

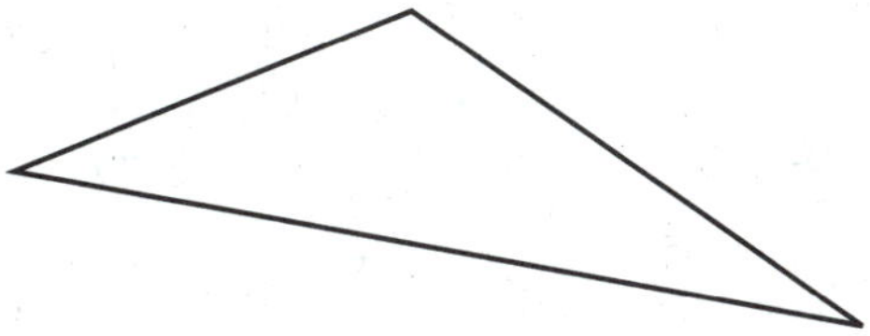

_____ ángulos

6.

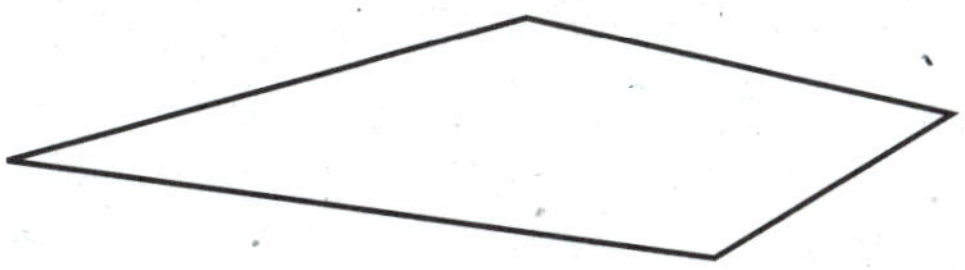

_____ ángulos

7.

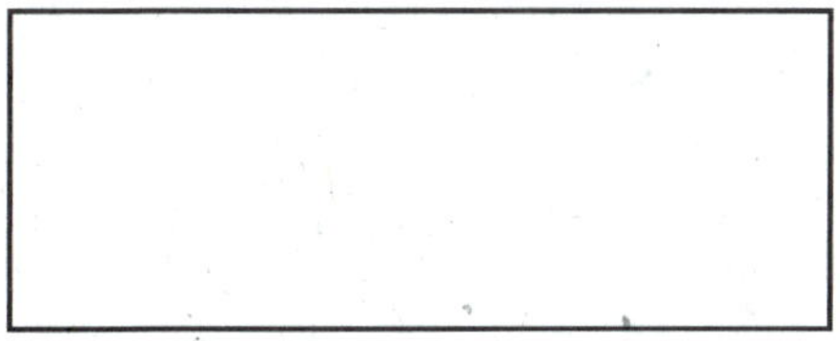

_____ ángulos

8.

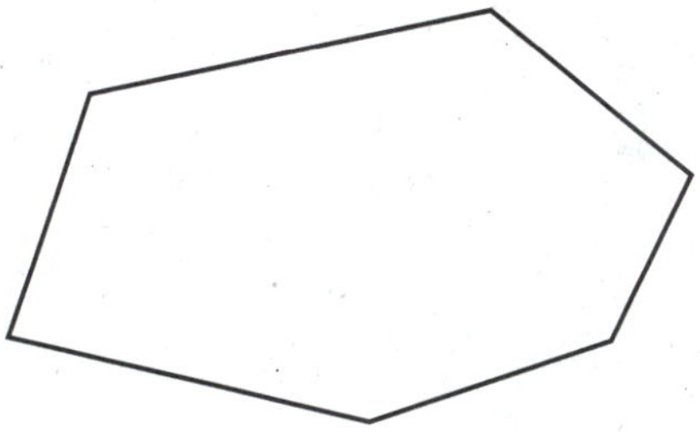

_____ ángulos

9. **PIENSA MÁS** Dibuja más lados para formar la figura.
Escribe cuántos ángulos tiene.

pentágono

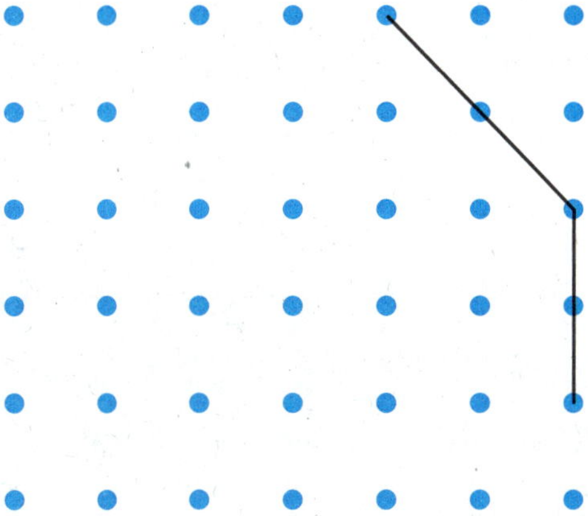

_____ ángulos

cuadrilátero

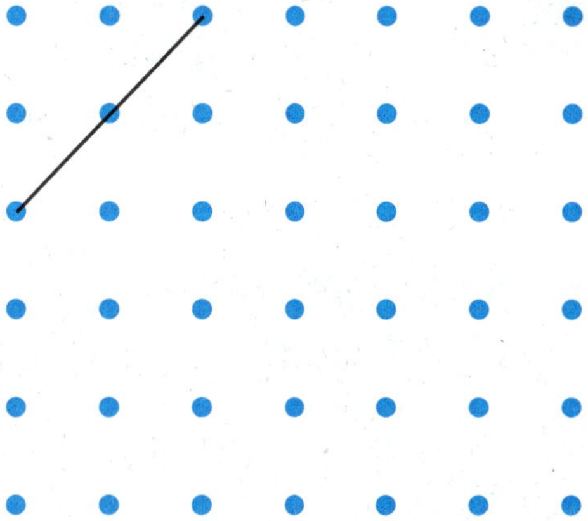

_____ ángulos

Resolución de problemas • Aplicaciones En el mundo

ESCRIBE Matemáticas

10. Dibuja dos figuras que tengan 7 ángulos en total.

11. PRÁCTICA MATEMÁTICA 4 **Usa diagramas** Ben dibujó 3 figuras bidimensionales que tenían 11 ángulos en total. Dibuja las figuras que pudo haber dibujado Ben.

12. PIENSA MÁS Rellena el círculo al lado de todas las figuras que tengan 5 ángulos.

ACTIVIDAD PARA LA CASA • Pida a su niño que dibuje una figura con 4 lados y 4 ángulos.

Nombre ______________________________

Ángulos de figuras bidimensionales

Estándares comunes **ESTÁNDARES COMUNES—2.G.A.1**
Razonan usando figuras geométricas y sus atributos.

Encierra en un círculo los ángulos de cada figura. Escribe cuántos ángulos hay.

1.

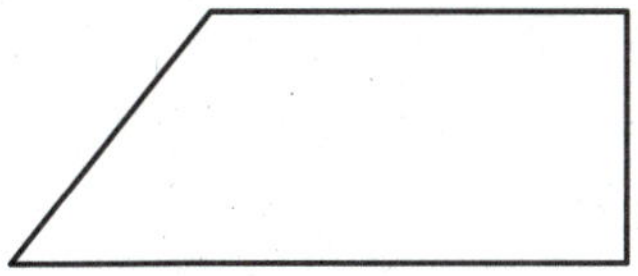

_____ ángulos

2.

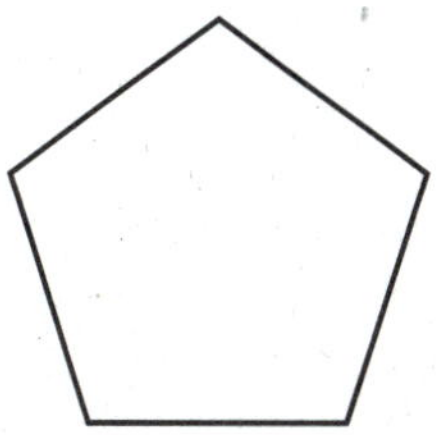

_____ ángulos

Resolución de problemas *En el mundo*

3. Logan dibujó 2 figuras bidimensionales con un total de 8 ángulos. Dibuja las figuras que Logan podría haber dibujado.

4. ESCRIBE **Matemáticas** Dibuja una figura bidimensional con 4 ángulos. Encierra en un círculo los ángulos. Escribe el nombre de la figura bidimensional que dibujaste.

____

Repaso de la lección (2.G.A.1)

1. ¿Cuántos ángulos tiene esta figura?

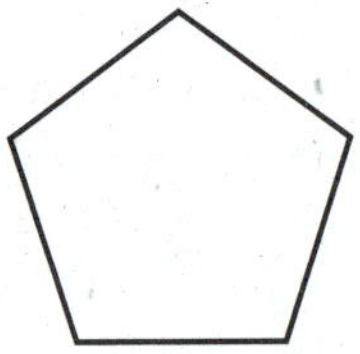

____ ángulos

2. ¿Cuántos ángulos tiene esta figura?

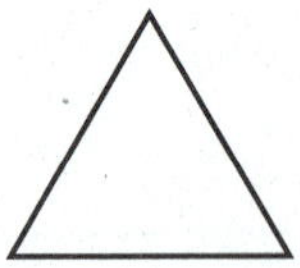

____ ángulos

Repaso en espiral (2.MD.A.1, 2.MD.D.10)

3. Usa una regla en pulgadas. ¿Cuál es la longitud de la cuerda a la pulgada más cercana?

____ pulgadas

4. Observa la pictografía. ¿Cuántos niños eligieron margaritas?

____ niños

Flor favorita						
rosas	☺	☺	☺	☺		
tulipanes	☺	☺	☺			
margaritas	☺	☺	☺	☺	☺	
lilas	☺	☺				

Clave: Cada ☺ representa 1 niño.

Nombre ________________________________

Clasificar figuras bidimensionales

Pregunta esencial ¿Cómo usas el número de lados y de ángulos para clasificar las figuras bidimensionales?

Estándares comunes **Geometría—2.G.A.1**

PRÁCTICAS MATEMÁTICAS
MP4, MP6

Escucha y dibuja

Manos a la obra

Forma la figura con patrones de figuras geométricas. Dibuja y colorea los patrones que usaste.

Usa un patrón.

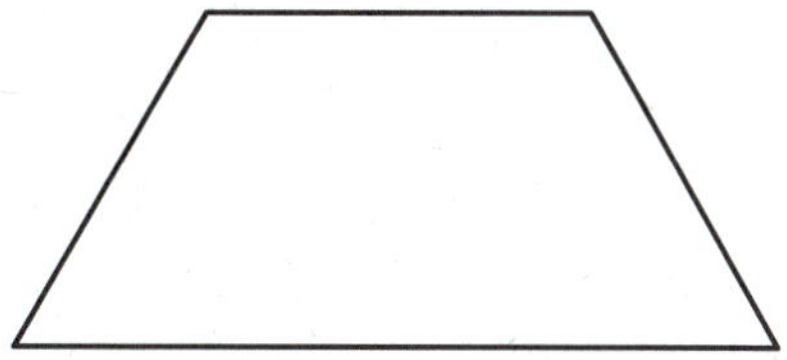

Usa dos patrones.

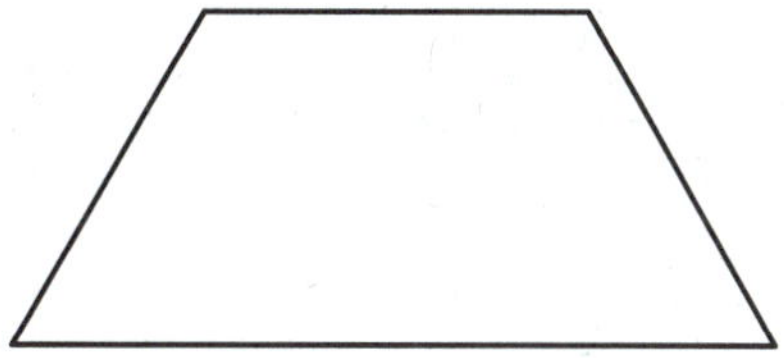

Usa tres patrones.

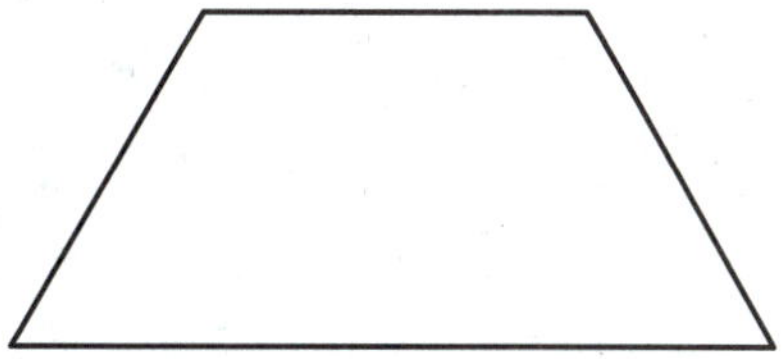

PARA EL MAESTRO • Diga a los niños que la figura que se muestra tres veces en esta página es un trapecio. Pida a los niños que usen patrones de figuras geométricas para hacer el trapecio tres veces: con un patrón de figura geométrica, con dos patrones de figuras geométricas y con tres patrones de figuras geométricas.

Charla matemática

PRÁCTICAS MATEMÁTICAS 6

Describe cómo puedes clasificar los patrones que usaste.

Representa y dibuja

¿Qué figuras coinciden con la regla?

Figuras con más de 3 lados

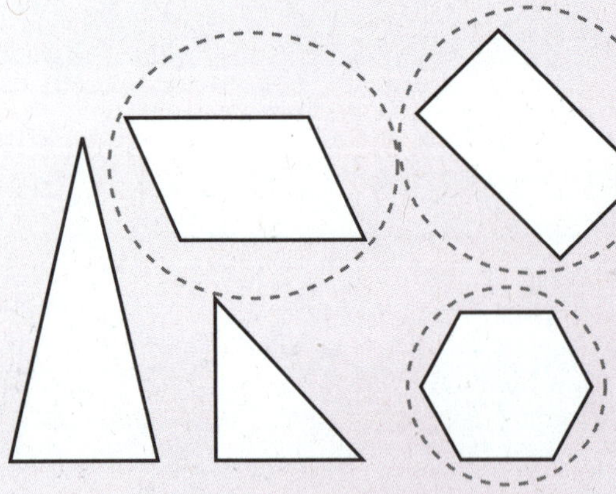

Figuras con menos de 5 ángulos

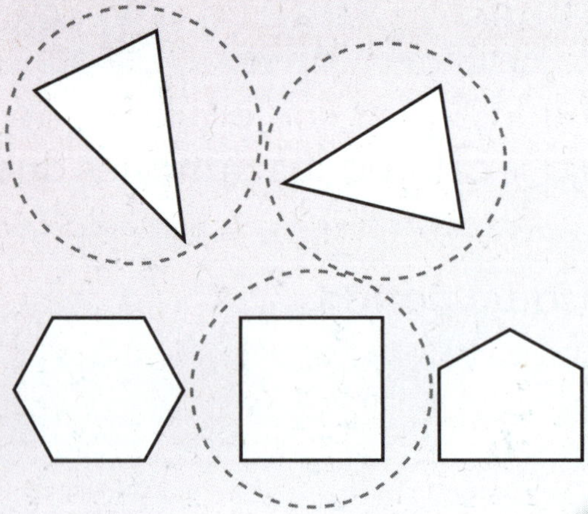

Comparte y muestra MATH BOARD

Encierra en un círculo las figuras que coincidan con la regla.

1. Figuras con 5 lados

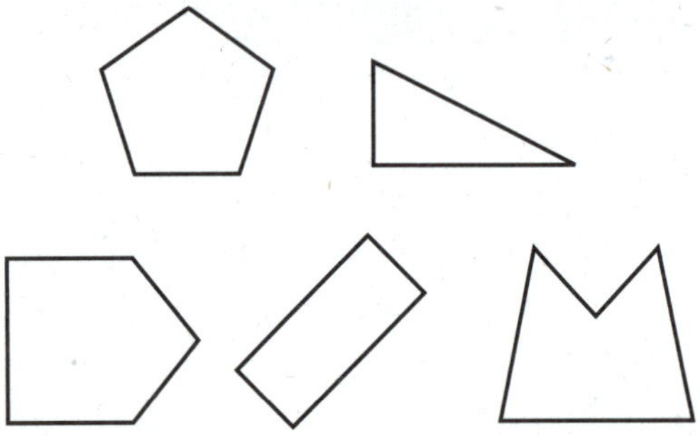

2. Figuras con más de 3 ángulos

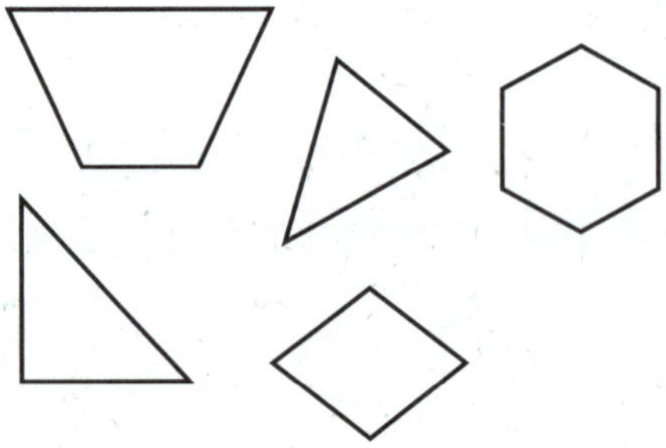

✓3. Figuras con menos de 4 ángulos

✓4. Figuras con menos de 5 lados

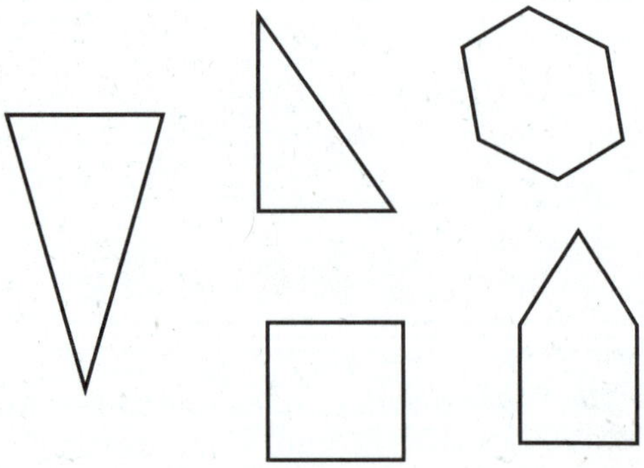

Nombre ____________________

Por tu cuenta

Encierra en un círculo las figuras que coincidan con la regla.

5. Figuras con 4 lados

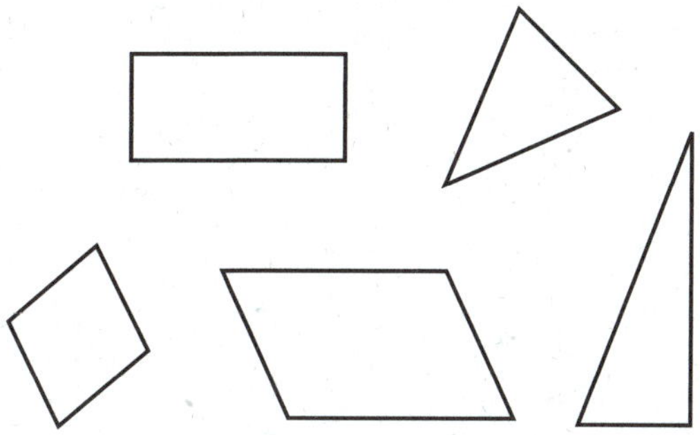

6. Figuras con más de 4 ángulos

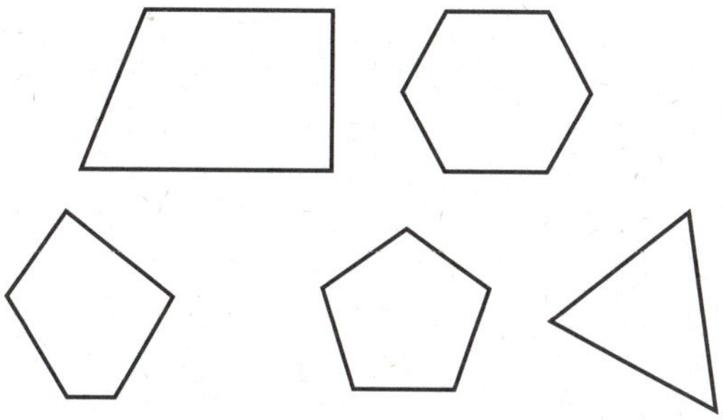

7. Figuras con menos de 4 ángulos

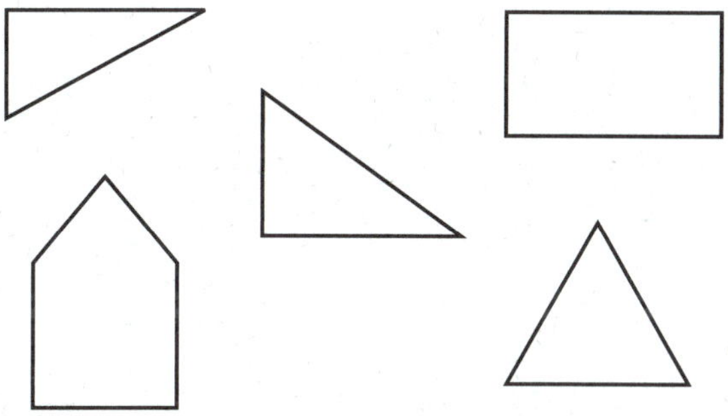

8. Figuras con menos de 5 lados

9. PIENSA MÁS Dibuja tres figuras que coincidan con la regla. Enciérralas en un círculo. Luego dibuja dos figuras que no coincidan con la descripción.

Figuras con menos de 5 ángulos

Resolución de problemas • Aplicaciones En el mundo

ESCRIBE Matemáticas

10. PRÁCTICA MATEMÁTICA 6 **Haz conexiones**

Clasifica las figuras.

- Usa rojo para colorear las figuras con más de 4 lados.
- Usa azul para colorear las figuras con menos de 5 ángulos.

11. PIENSA MÁS Dibuja cada figura en el lugar de la tabla que le corresponde.

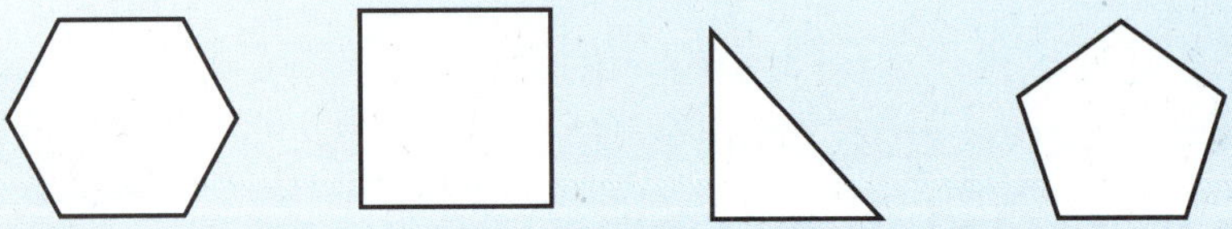

Figuras con menos de 5 lados	Figuras con más de 4 lados

ACTIVIDAD PARA LA CASA • Pida a su niño que dibuje algunas figuras que tengan 4 ángulos cada una.

Nombre ____

Clasificar figuras bidimensionales

ESTÁNDARES COMUNES—2.G.A.1 *Razonan usando figuras geométricas y sus atributos.*

Encierra en un círculo las figuras que coincidan con la regla.

1. Figuras con menos de 5 lados

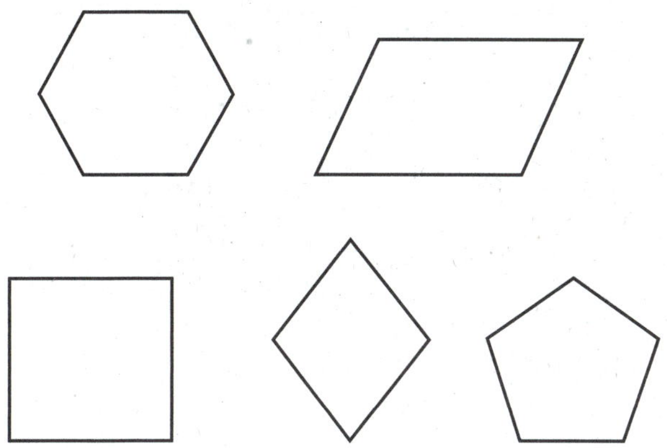

2. Figuras con más de 4 lados

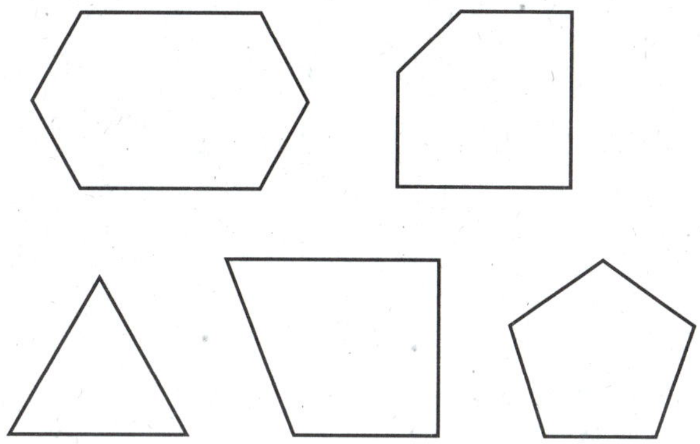

Resolución de problemas — En el mundo

Encierra en un círculo la figura correcta.

3. Tammy dibujó una figura con más de 3 ángulos. No es un hexágono. ¿Qué figura dibujó Tammy?

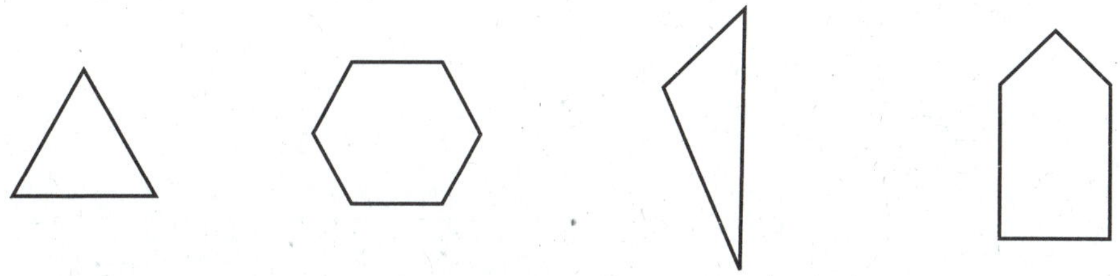

4. ESCRIBE Matemáticas Dibuja tres figuras que coincidan con la regla. Figuras con más de 3 ángulos.

Repaso de la lección (2.G.A.1)

1. ¿Qué figura tiene menos de 4 lados?

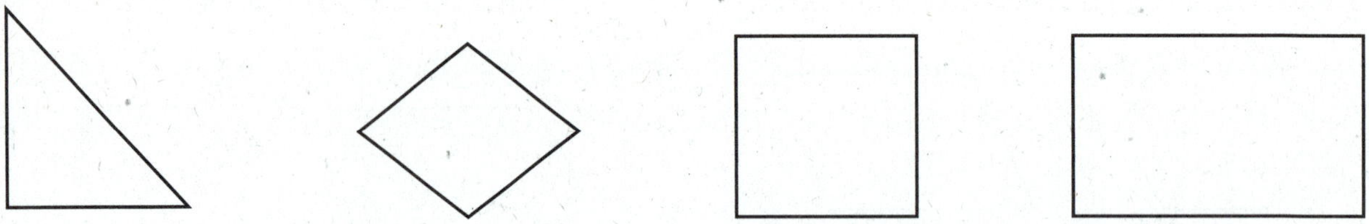

Repaso en espiral (2.MD.A.1, 2.MD.D.10)

2. Usa una regla en pulgadas. ¿Cuál es la longitud del lápiz a la pulgada más cercana?

____ pulgadas

3. Usa la tabla de conteo. ¿Cuántos niños eligieron básquetbol como su deporte favorito?

____ niños

Deporte favorito

Deporte	Conteo
fútbol	𝍸
básquetbol	𝍸 II
fútbol americano	IIII
béisbol	IIII

PRACTICA MÁS CON EL Entrenador personal en matemáticas

Nombre ____________________

MANOS A LA OBRA
Lección 11.7

División de rectángulos

Pregunta esencial ¿Cómo hallas el número total de cuadrados del mismo tamaño que cubren un rectángulo?

Estándares comunes **Geometría—2.G.A.2**
También 2.OA.C.4
PRÁCTICAS MATEMÁTICAS
MP3, MP5, MP8

Escucha y dibuja

Manos a la obra

Agrupa varias fichas cuadradas de colores. Traza el contorno de la figura para dibujar una figura bidimensional.

Charla matemática
PRÁCTICAS MATEMÁTICAS 3

¿Puede formarse una figura diferente con el mismo número de fichas cuadradas? **Explica.**

NOTA A LA FAMILIA • Después de agrupar las fichas cuadradas, su niño trazó su contorno y dibujó una figura bidimensional. Esta actividad es una introducción para dividir un rectángulo en varios cuadrados del mismo tamaño.

Representa y dibuja

Traza el contorno de las fichas cuadradas de colores.
¿Cuántas fichas cuadradas cubren este rectángulo?

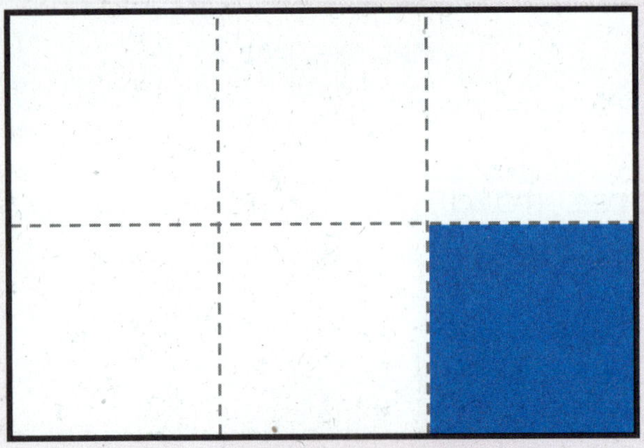

Número de hileras: 2

Número de columnas: 3

Total: _____ fichas cuadradas

Comparte y muestra MATH BOARD

Cubre el rectángulo con fichas cuadradas de colores.
Traza el contorno de las fichas cuadradas. Escribe cuántas hay.

1.

Número de hileras: _____

Número de columnas: _____

Total: _____ fichas cuadradas

2.

Número de hileras: _____

Número de columnas: _____

Total: _____ fichas cuadradas

Nombre ____________________

Por tu cuenta

Cubre el rectángulo con fichas cuadradas de colores.
Traza el contorno de las fichas cuadradas. Escribe cuántas hay.

3.

Número de hileras: _____

Número de columnas: _____

Total: _____ fichas cuadradas

4.

Número de hileras: _____

Número de columnas: _____

Total: _____ fichas cuadradas

5. PIENSA MÁS Mary comenzó a cubrir este rectángulo con bloques de una unidad. **Explica** cómo estimarías el número de bloques de una unidad que cubrirían todo el rectángulo.

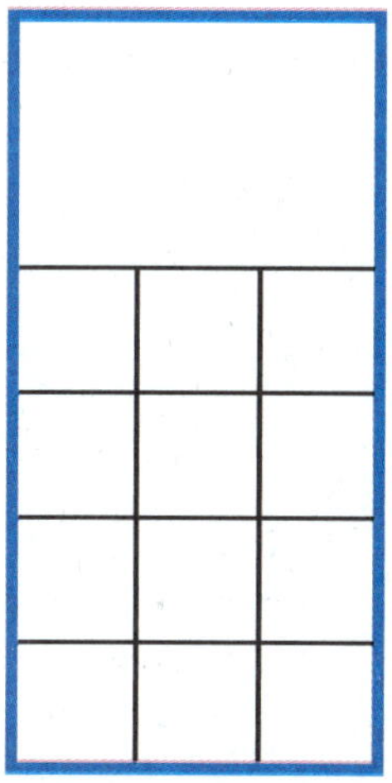

____

____

____

ACTIVIDAD PARA LA CASA • Pida a su niño que describa qué hizo en esta lección.

Name ______________________________

Revisión de la mitad del capítulo

Conceptos y destrezas

Entrenador personal en matemáticas
Evaluación e intervención en línea

Encierra en un círculo los objetos que coincidan con el nombre de la figura. (2.G.A.1)

1. cilindro				
2. cubo			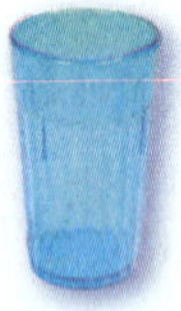	

Escribe el número de lados y el número de vértices. (2.G.A.1)

3. cuadrilátero

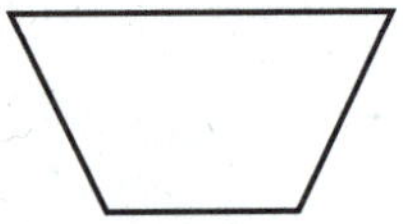

_____ lados

_____ vértices

4. pentágono

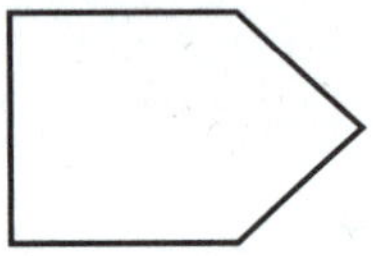

_____ lados

_____ vértices

5. hexágono

_____ lados

_____ vértices

6. PIENSA MÁS ¿Cuántos ángulos tiene esta figura? (2.G.A.1)

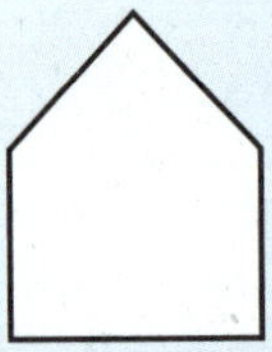

_____ ángulos

Nombre ______________________________

División de rectángulos

ESTÁNDARES COMUNES—2.G.A.2
Razonan usando figuras geométricas y sus atributos.

Cubre el rectángulo con fichas cuadradas de colores. Traza el contorno de las fichas cuadradas.

1.

Número de hileras: _____

Número de columnas: _____

Total: _____ fichas cuadradas

2.

Número de hileras: _____

Número de columnas: _____

Total: _____ fichas cuadradas

Resolución de problemas — En el mundo

Resuelve. Escribe o dibuja para explicar.

3. Nina quiere poner fichas cuadradas de colores en un cuadrado. Caben 3 fichas a lo largo de la parte superior del cuadrado. ¿Cuántas hileras y columnas de cuadrados necesitará Nina? ¿Cuántas fichas cuadradas de colores usará en total?

Número de hileras: _____

Número de columnas: _____

Total: _____ fichas cuadradas

4. ESCRIBE **Matemáticas** Observa el Ejercicio 1 de arriba. ¿Hay otro rectángulo diferente que podrías cubrir con 6 fichas cuadradas de colores? Explica.

____

Repaso de la lección (2.G.A.2)

1. Gina usa fichas cuadradas de colores para cubrir el rectángulo. ¿Cuántas fichas cuadradas usa?

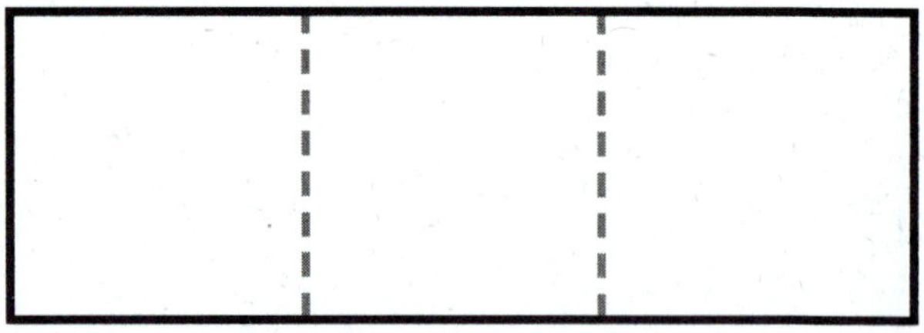

____ fichas cuadradas

Repaso en espiral (2.MD.D.10, 2.G.A.1)

2. ¿Cuántas caras tiene un cubo?

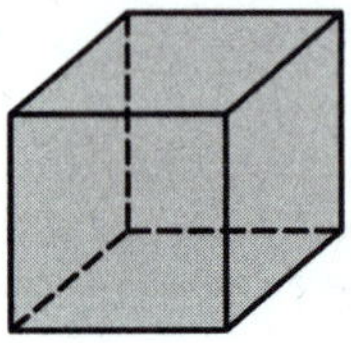

____ caras

3. ¿Cuántos ángulos tiene esta figura?

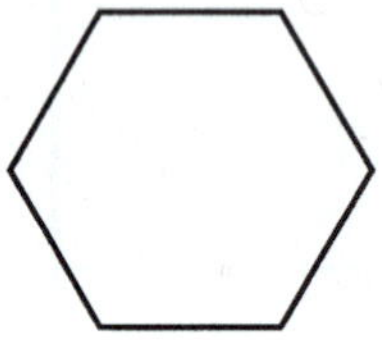

____ ángulos

4. Usa la tabla de conteo. ¿Cuántos niños más eligieron arte en lugar de lectura?

____ niños más

Materia favorita	
Materia	**Conteo**
lectura	𝍸 III
matemáticas	𝍸 IIII
ciencias	𝍸
arte	𝍸 𝍸

PRACTICA MÁS CON EL Entrenador personal en matemáticas

Nombre ______________________________

Partes iguales

Pregunta esencial ¿Qué son las mitades, los tercios y los cuartos de un entero?

Estándares comunes **Geometría—2.G.A.3**

PRÁCTICAS MATEMÁTICAS
MP3, MP6, MP8

Escucha y dibuja

Manos a la obra

Agrupa patrones de figuras geométricas para que coincidan con la figura de un hexágono. Traza la figura que formaste.

Charla matemática

PRÁCTICAS MATEMÁTICAS 3

Compara modelos Describe en qué se diferencian las figuras que usaste y las figuras que usó un compañero.

PARA EL MAESTRO • Pida a los niños que coloquen un patrón de figura geométrica de un hexágono amarillo en el espacio de arriba y formen la misma figura usando cualquier combinación de patrones de figuras geométricas. Comente cómo saben si el contorno de los patrones que usaron es el mismo que el del hexágono amarillo.

Representa y dibuja

El rectángulo verde es el entero.
Puede dividirse en partes iguales.

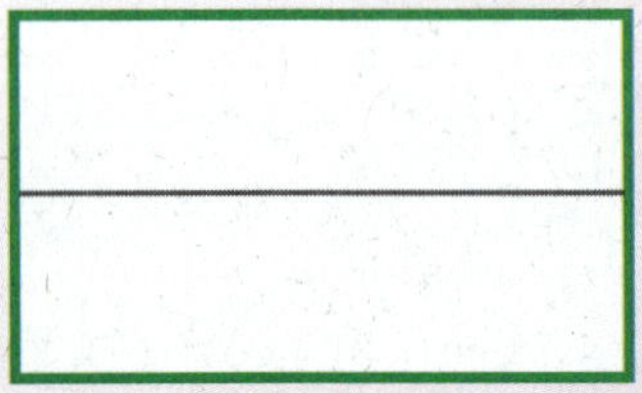

Hay 2 **medios**. Cada parte es una mitad.

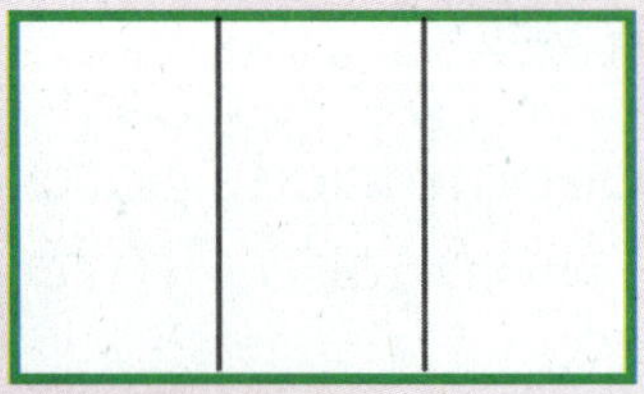

Hay 3 **tercios**. Cada parte es un tercio.

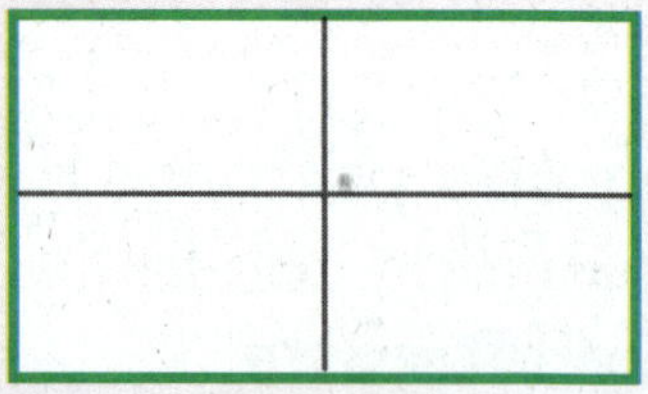

Hay 4 **cuartos**. Cada parte es un cuarto.

Comparte y muestra

MATH BOARD

Escribe cuántas partes iguales hay en el entero.
Escribe **medios**, **tercios** o **cuartos** para nombrar las partes iguales.

1.

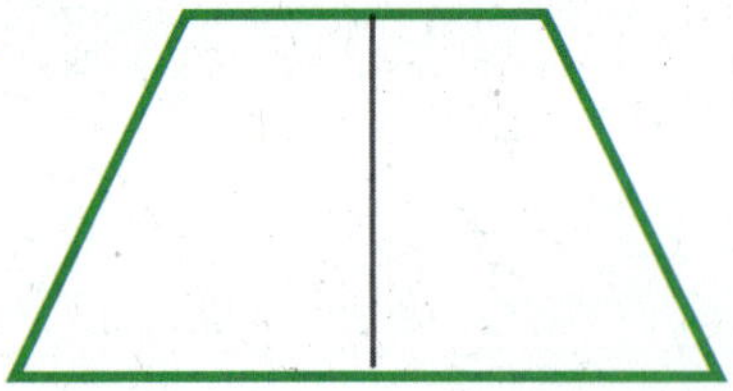

_____ partes iguales

____

2.

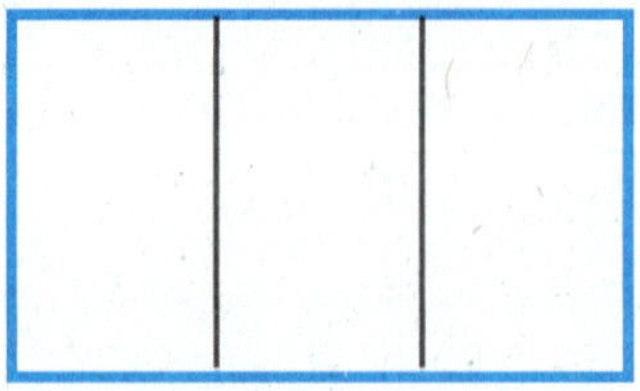

_____ partes iguales

____

3.

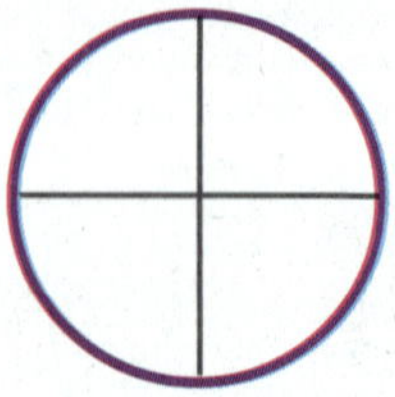

_____ partes iguales

____

4.

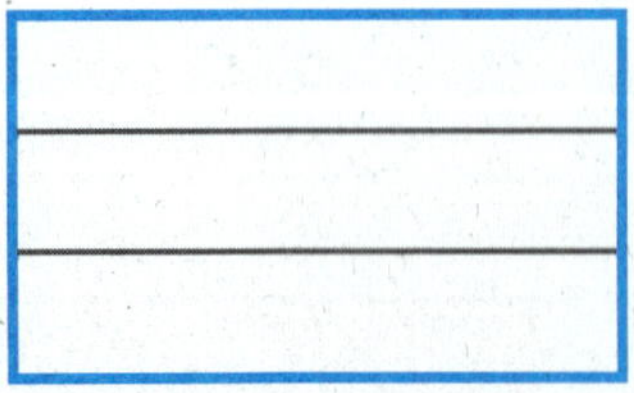

_____ partes iguales

____

5.

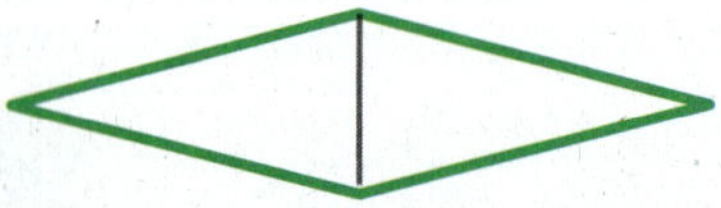

_____ partes iguales

____

6.

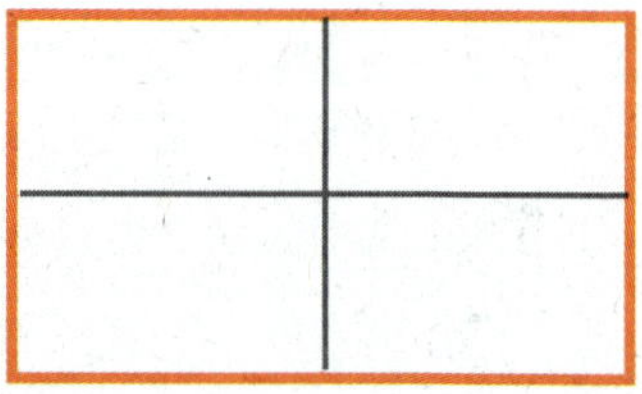

_____ partes iguales

____

Nombre ______________________________

Por tu cuenta MATH BOARD

Escribe cuántas partes iguales hay en el entero.
Escribe **medios**, **tercios** o **cuartos** para nombrar las partes iguales.

7.
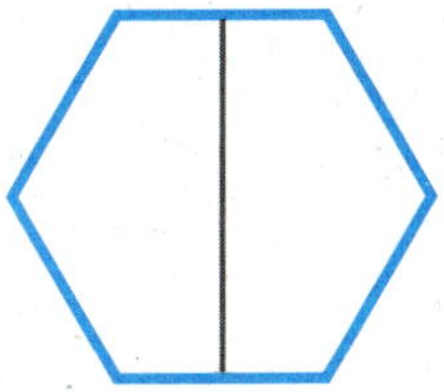

_____ partes iguales

____

8.
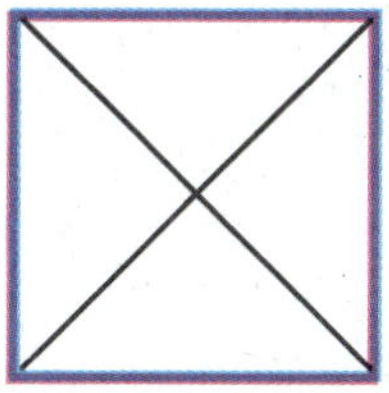

_____ partes iguales

____

9.
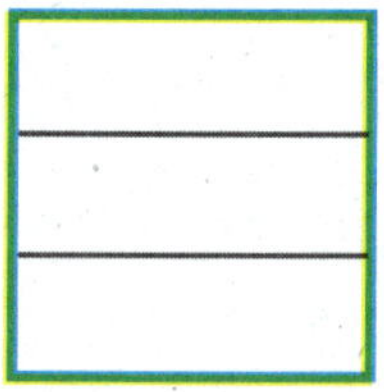

_____ partes iguales

____

10.
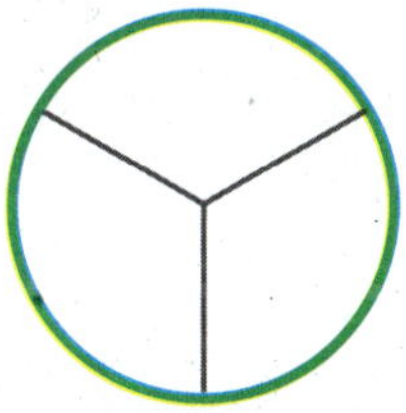

_____ partes iguales

____

11.
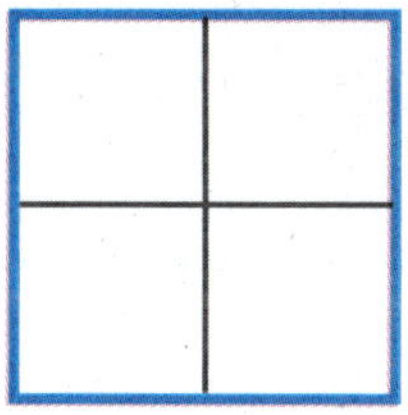

_____ partes iguales

____

12.
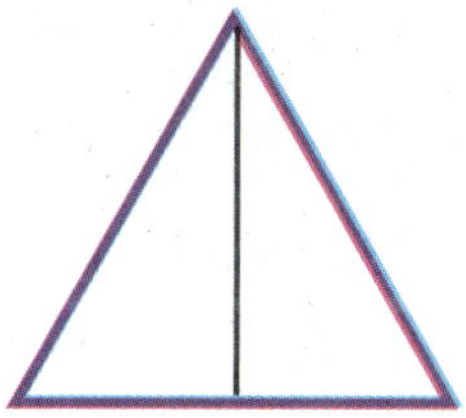

_____ partes iguales

____

13. PIENSA MÁS Haz un dibujo que muestre medios. Explica cómo sabes que las partes son medios.

____

____

____

Resolución de problemas • Aplicaciones En el mundo

ESCRIBE Matemáticas

14. PRÁCTICA MATEMÁTICA 6 **Haz conexiones** Clasifica las figuras.

- Dibuja una X sobre las figuras que **no** muestran partes iguales.
- Usa rojo para colorear las figuras que muestran tercios.
- Usa azul para colorear las figuras que muestran cuartos.

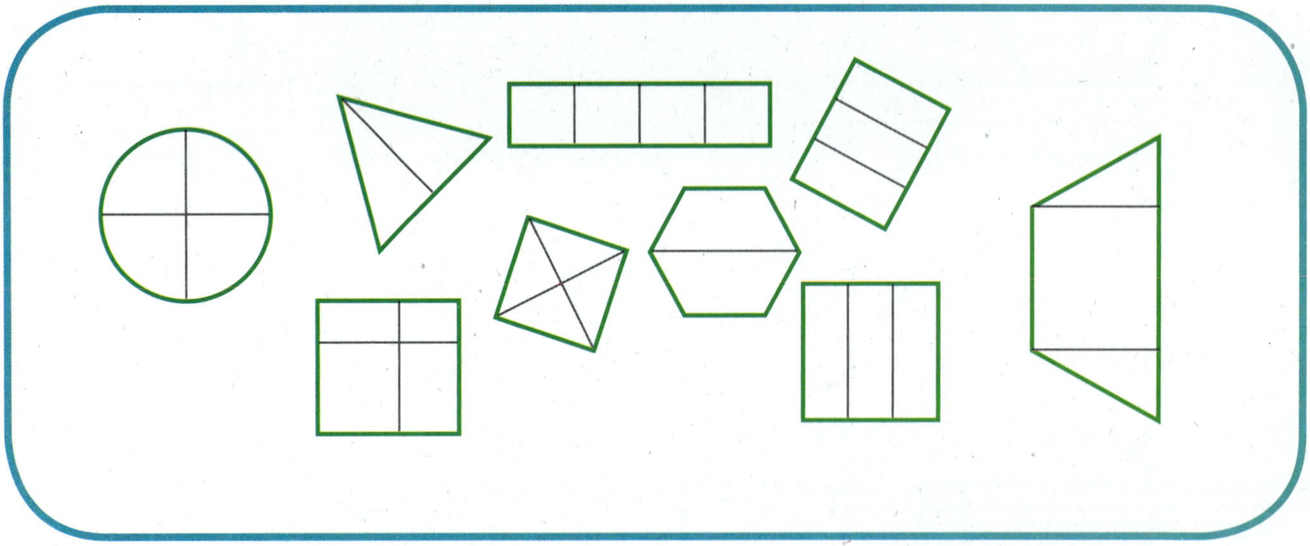

Entrenador personal en matemáticas

15. PIENSA MÁS + Traza líneas para mostrar cuartos de tres formas diferentes.

Explica cómo sabes que las partes son cuartos.

____

____

ACTIVIDAD PARA LA CASA • Pida a su niño que pliegue una hoja de papel en medios y otra hoja de papel en cuartos.

Nombre ______________________________

Partes iguales

ESTÁNDARES COMUNES—2.G.A.3
Razonan usando figuras geométricas y sus atributos.

Escribe cuántas partes iguales hay en el entero. Escribe medios, tercios o cuartos para nombrar las partes iguales.

1.

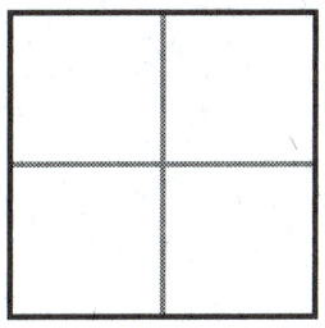

_____ partes iguales

____

2.

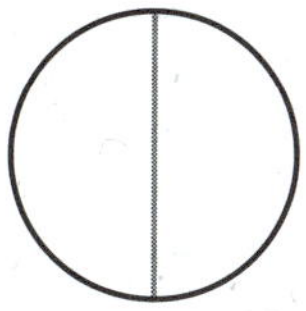

_____ partes iguales

____

3.

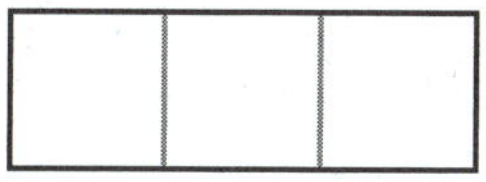

_____ partes iguales

____

Resolución de problemas En el mundo

4. Clasifica las figuras.

- Dibuja una X sobre las figuras que no muestran partes iguales.
- Encierra en un círculo las figuras que muestran mitades.

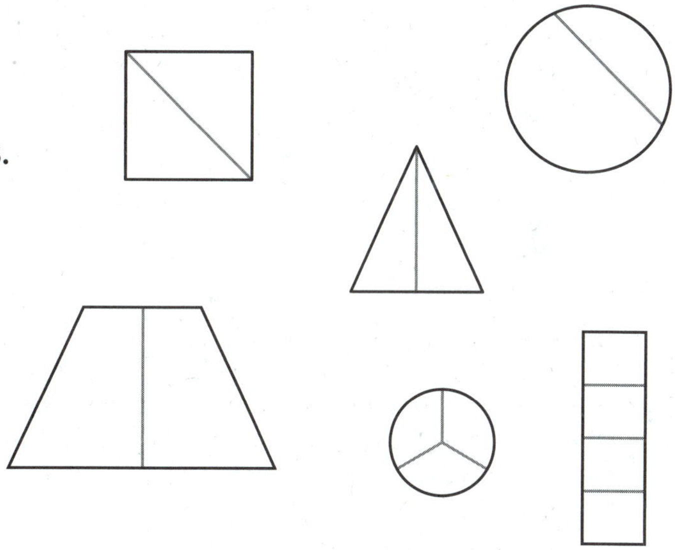

5. ESCRIBE **Matemáticas** Observa las figuras del Ejercicio 4. Describe las figuras sobre las que no dibujaste una X o encerraste en un círculo.

____

____

____

Repaso de la lección (2.G.A.3)

1. ¿Cómo se llaman las 3 partes iguales de la figura?

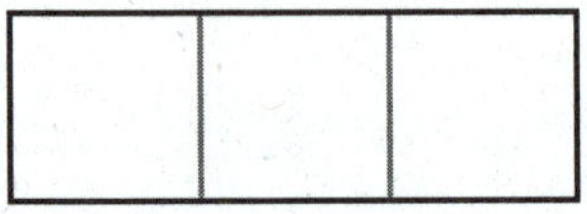

____

2. ¿Cómo se llaman las 4 partes iguales de la figura?

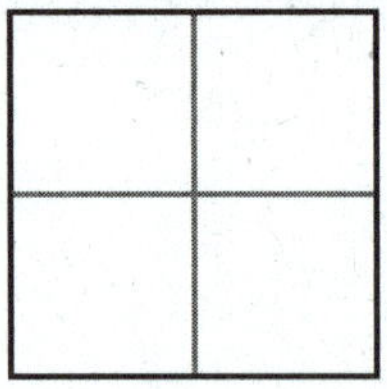

____

Repaso en espiral (2.NBT.B.5, 2.G.A.1)

3. ¿Cuál es la suma?

$$\begin{array}{r} 87 \\ +\ 45 \\ \hline \end{array}$$

4. ¿Cuál es la diferencia?

$$\begin{array}{r} 59 \\ -\ 15 \\ \hline \end{array}$$

5. Encierra en un círculo el cuadrilátero.

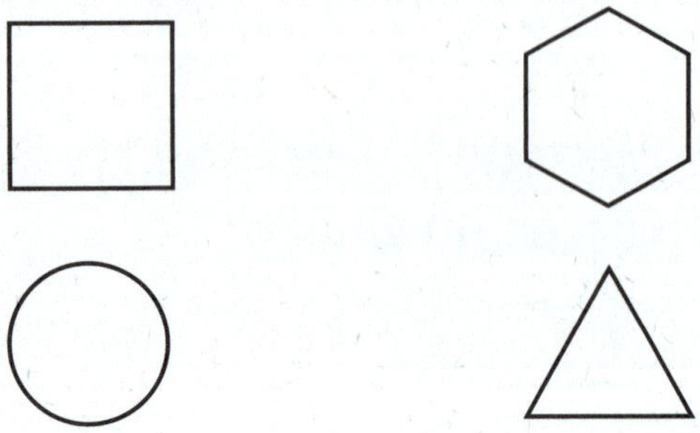

6. Encierra en un círculo el hexágono.

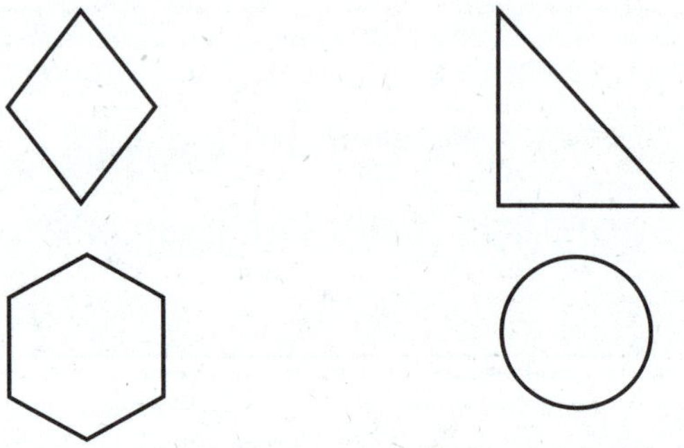

Nombre ____________________________________

Mostrar partes iguales de un entero

Pregunta esencial ¿Cómo sabes si una figura muestra medios, tercios o cuartos?

Estándares comunes **Geometría—2.G.A.3**

PRÁCTICAS MATEMÁTICAS
MP5, MP6

Escucha y dibuja

Encierra en un círculo las figuras que muestran partes iguales.

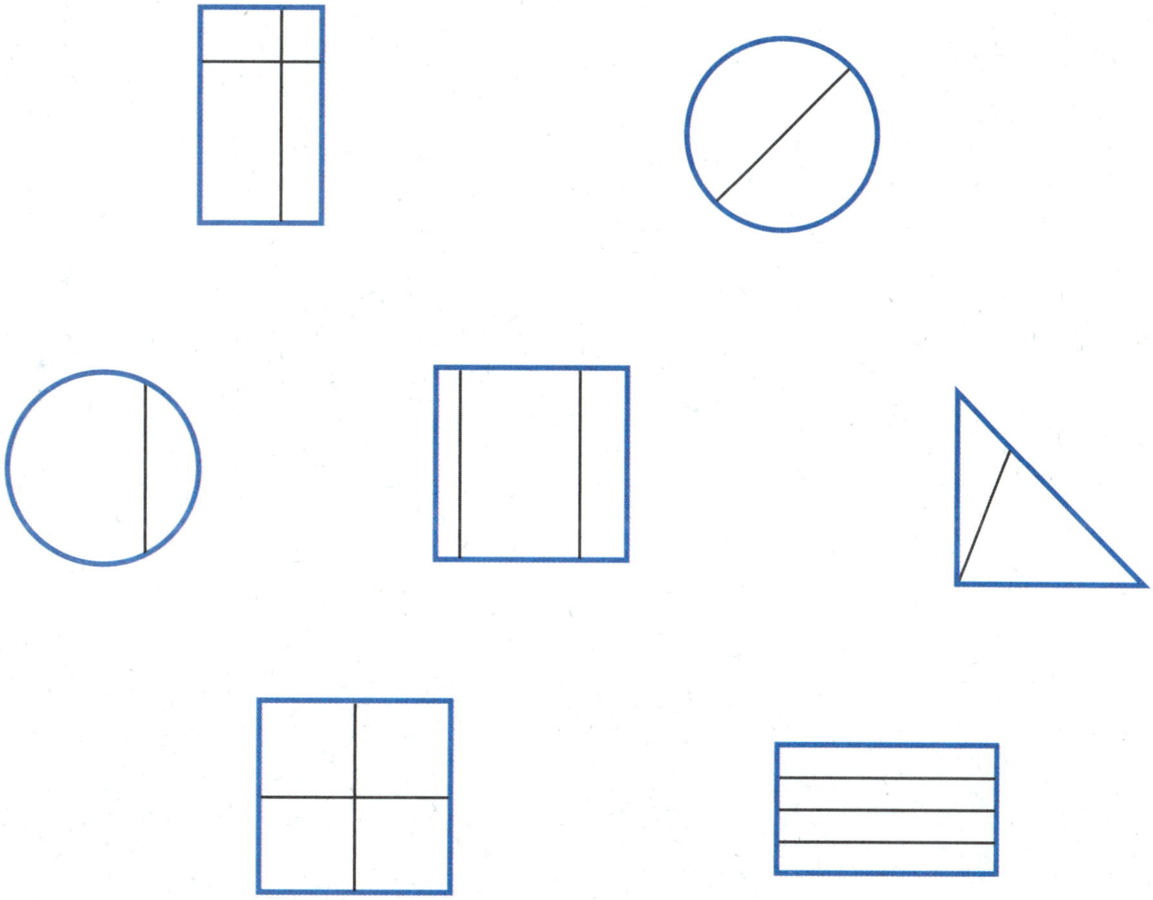

Charla matemática

PRÁCTICAS MATEMÁTICAS 6

¿El triángulo muestra medios? **Explica.**

NOTA A LA FAMILIA • Su niño completó esta actividad de clasificación con figuras para repasar el concepto de partes iguales.

Representa y dibuja

Puedes hacer un dibujo para mostrar las partes iguales de un entero.

medios
2 partes iguales

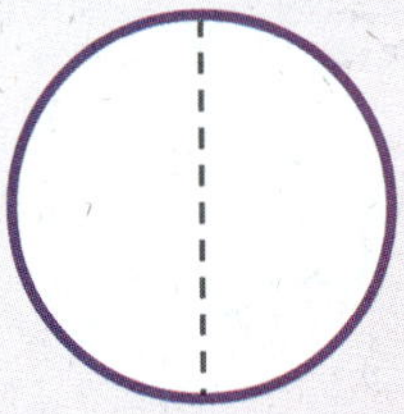

Hay 2 medios en un entero.

tercios
3 partes iguales

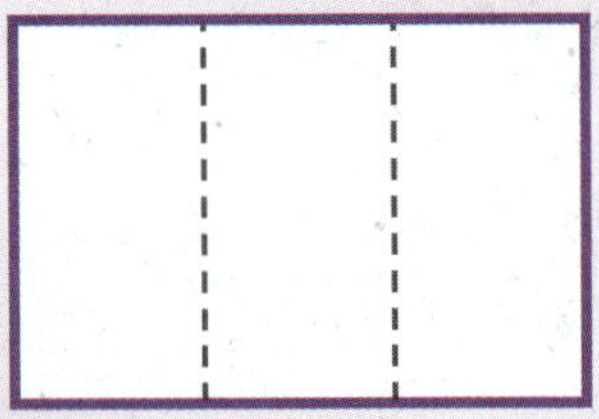

Hay 3 tercios en un entero.

cuartos
4 partes iguales

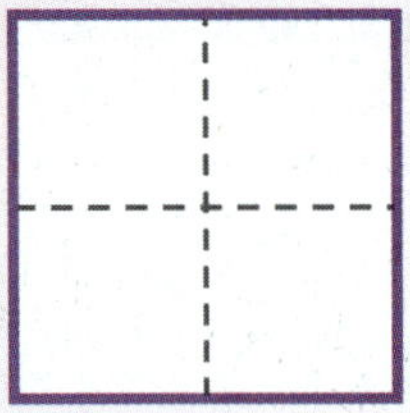

Hay 4 cuartos en un entero.

Comparte y muestra

MATH BOARD

Haz un dibujo para mostrar partes iguales.

1. tercios

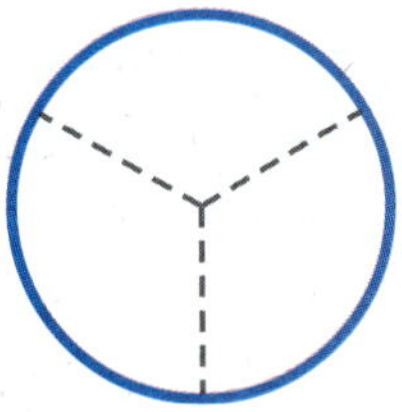

2. medios

3. cuartos

4. medios

5. cuartos

6. tercios

Nombre ______________________

Haz un dibujo para mostrar partes iguales.

7. medios

8. cuartos

9. tercios

10. tercios

11. medios

12. cuartos

13. medios

14. tercios

15. cuartos

16. ¿Esta figura muestra tercios?
Explica.

____

____

____

____

Resolución de problemas • Aplicaciones En el mundo

ESCRIBE Matemáticas

17. Colton y tres amigos quieren compartir una *pizza* de forma equitativa. Haz un dibujo que muestre cómo se debería dividir la *pizza*.

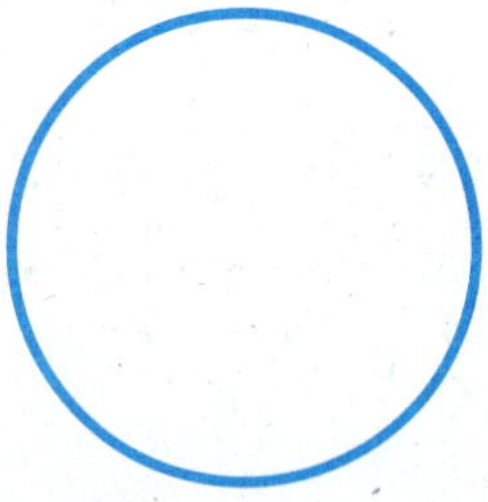

18. MÁS AL DETALLE Hay dos *pizzas* cuadradas. Cada *pizza* se corta en cuartos. ¿Cuántos trozos de *pizza* hay en total?

________ trozos

19. PIENSA MÁS Rellena el círculo al lado de las figuras que muestran tercios. Explica tu respuesta.

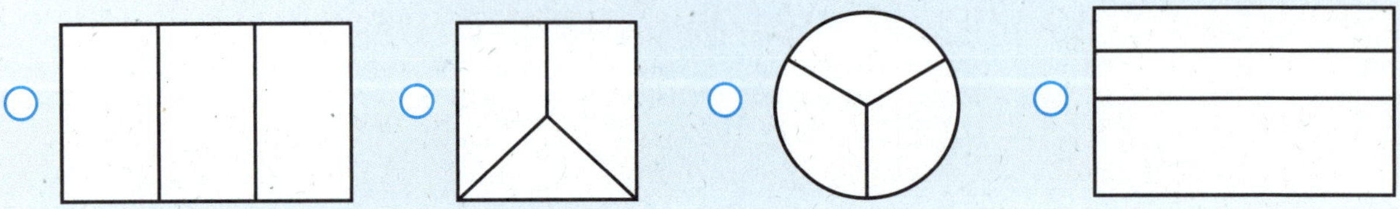

____

____

ACTIVIDAD PARA LA CASA • Pida a su niño que describa cómo mostrar partes iguales de una figura.

Nombre ______________________________

Mostrar partes iguales de un entero

Estándares comunes

ESTÁNDARES COMUNES—2.G.A.3
Razonan usando figuras geométricas y sus atributos.

Haz un dibujo que muestre partes iguales.

1. medios

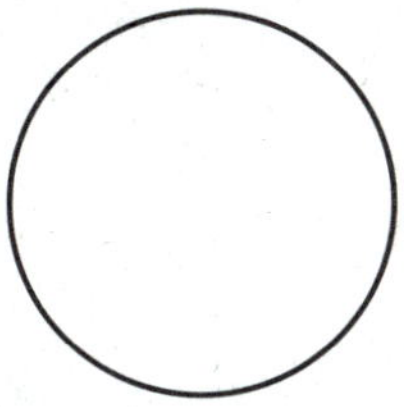

2. cuartos

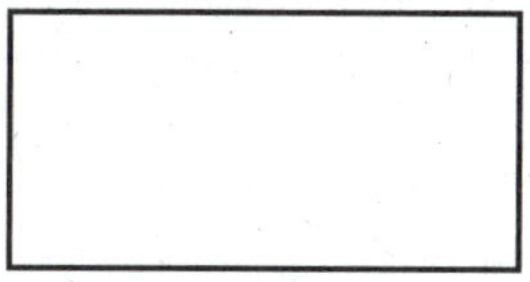

3. tercios

4. tercios

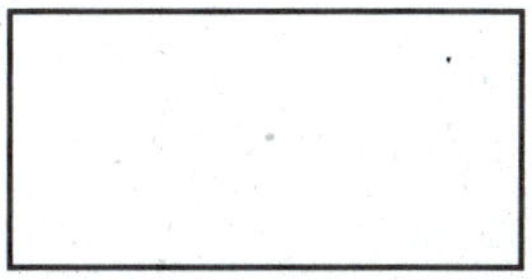

5. medios

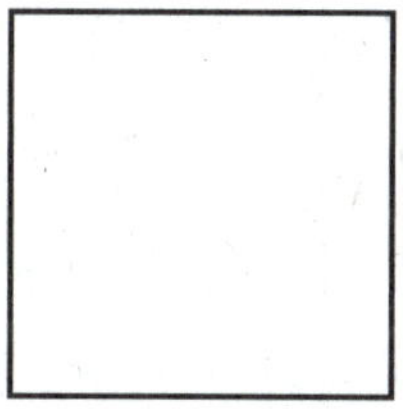

6. cuartos

Resolución de problemas En el mundo

Resuelve. Escribe o dibuja para explicar.

7. Joe tiene un sándwich. Corta el sándwich en cuartos. ¿Cuántos trozos de sándwich tiene?

_____ trozos

8. ESCRIBE **Matemáticas** Dibuja tres triángulos. Luego dibuja para mostrar mitades, tercios y cuartos. Escribe sobre cada uno de los enteros que dibujaste.

____

Repaso de la lección (2.G.A.3)

1. ¿Qué figura está dividida en cuartos?

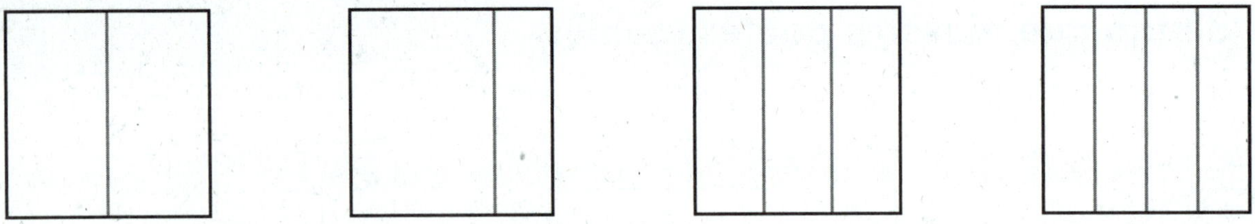

Repaso en espiral (2.MD.A.4, 2.G.A.1)

2. ¿Cuántos ángulos tiene esta figura?

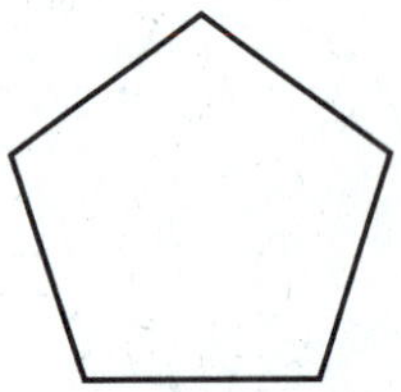

_____ ángulos

3. ¿Cuántas caras tiene este prisma rectangular?

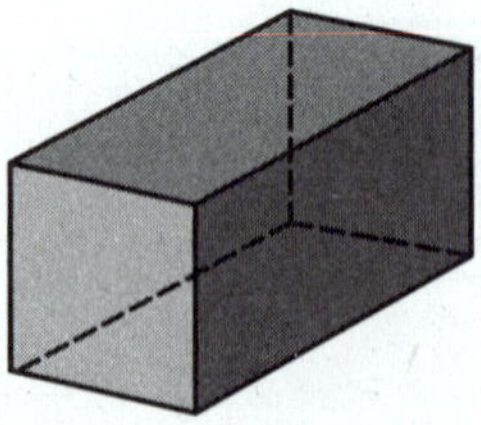

_____ caras

4. Usa una regla en centímetros. Mide la longitud de cada objeto. ¿Cuánto más larga es la cinta que la cuerda?

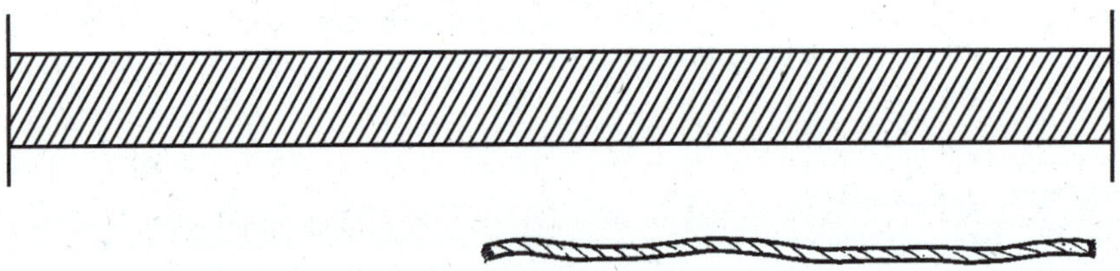

_____ centímetros más larga

Nombre ____________________________________

Describir partes iguales

Pregunta esencial ¿Cómo hallas la mitad, un tercio o un cuarto de un entero?

Estándares comunes **Geometría—2.G.A.3**

PRÁCTICAS MATEMÁTICAS
MP3, MP4, MP6

Escucha y dibuja

Halla figuras que muestren cuartos y coloréalas con verde.
Halla figuras que muestren medios y coloréalas con rojo.

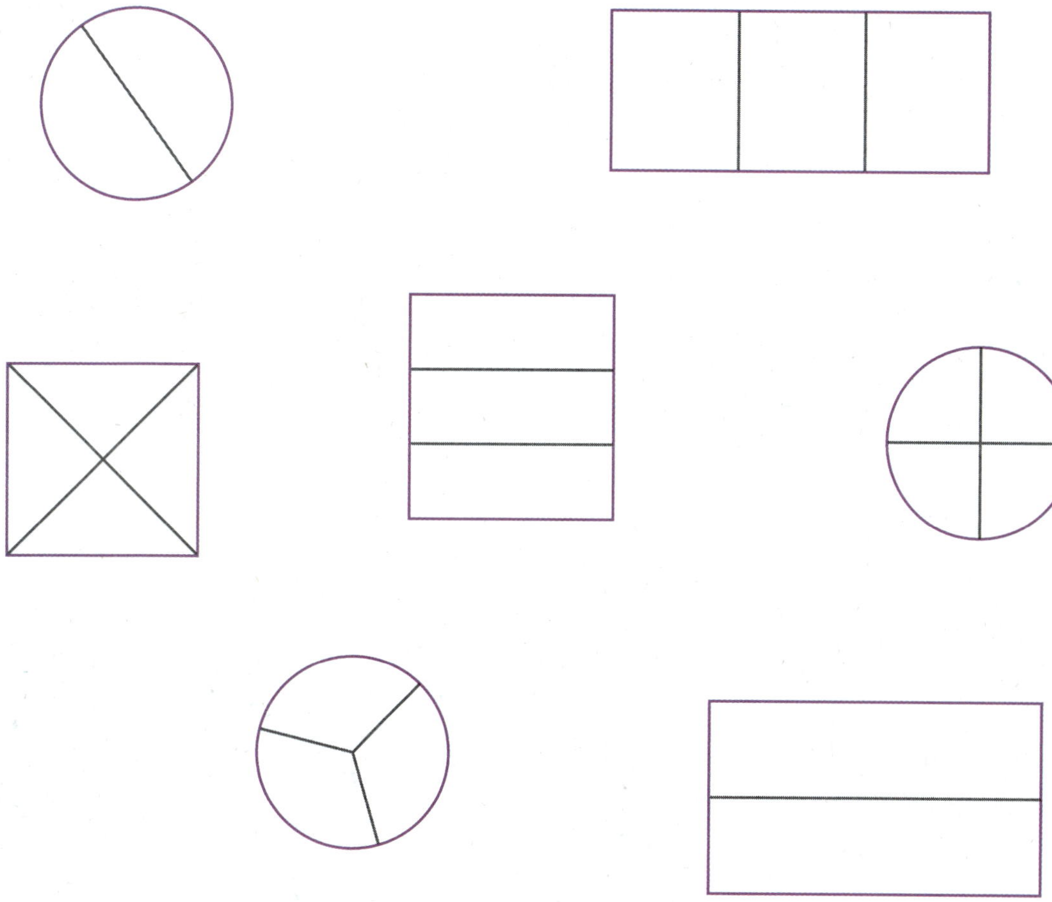

Charla matemática

PRÁCTICAS MATEMÁTICAS 3

Describe las diferencias entre los tercios de las figuras sin colorear.

NOTA A LA FAMILIA • Su niño identificó el número de partes iguales de las figuras para repasar la descripción de las partes iguales de un entero.

Representa y dibuja

Estas son algunas maneras de mostrar y describir una de las partes iguales de un entero.

Cada una de las 4 partes iguales es un **cuarto de** esa figura.

2 partes iguales

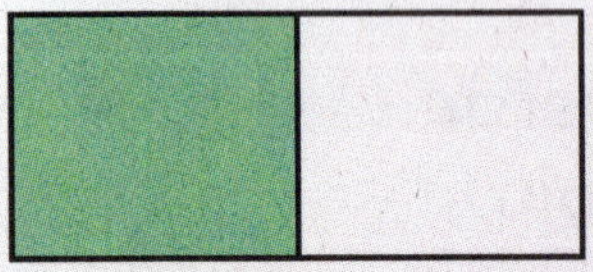

Una **mitad de** la figura es verde.

3 partes iguales

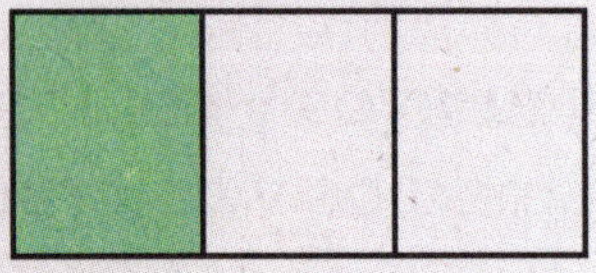

Un **tercio de** la figura es verde.

4 partes iguales

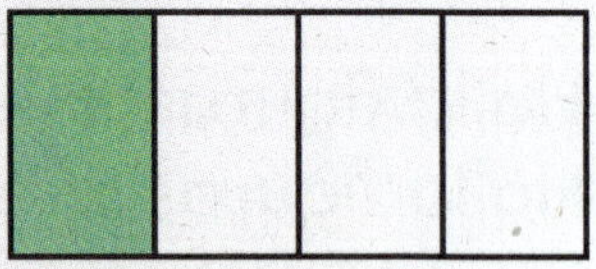

Un **cuarto de** la figura es verde.

Comparte y muestra MATH BOARD

Haz un dibujo para mostrar tercios.
Colorea un tercio de la figura.

1.

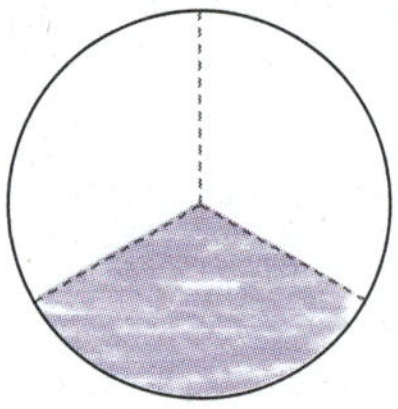

2.

3.

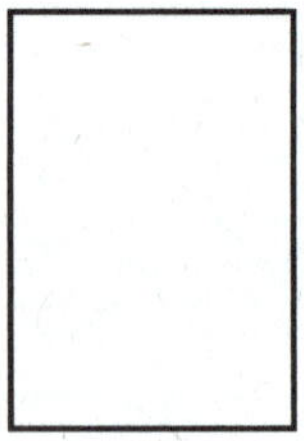

Haz un dibujo para mostrar cuartos.
Colorea un cuarto de la figura.

4.

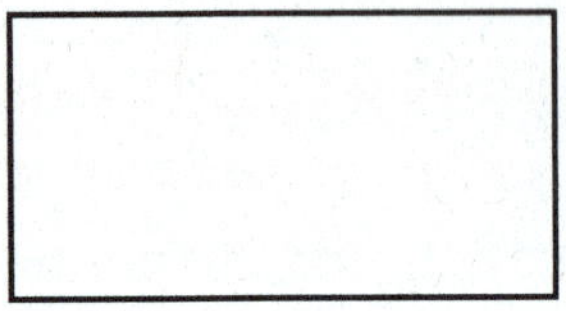

5.

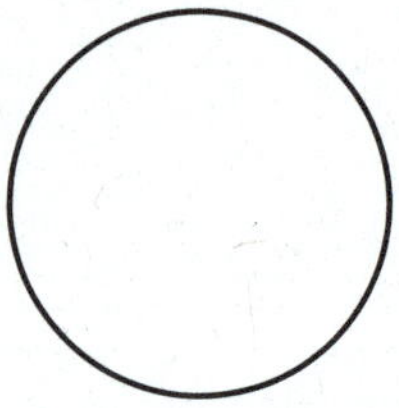

6.

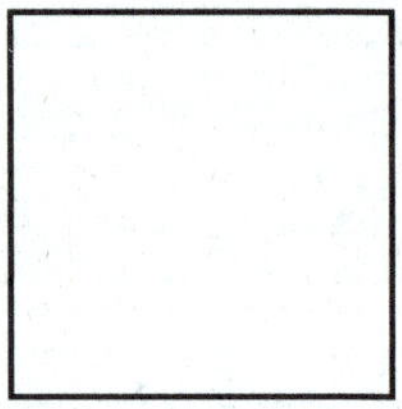

Nombre ______________________________

Por tu cuenta

Haz un dibujo para mostrar medios.
Colorea la mitad de la figura.

7.

8.

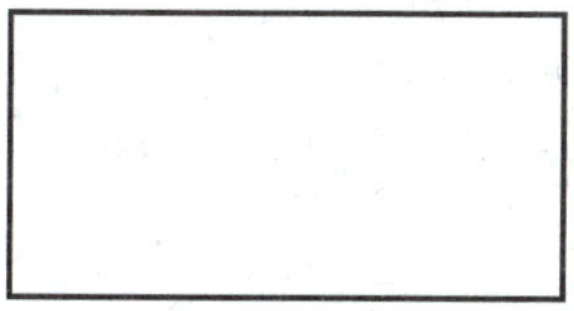

9.

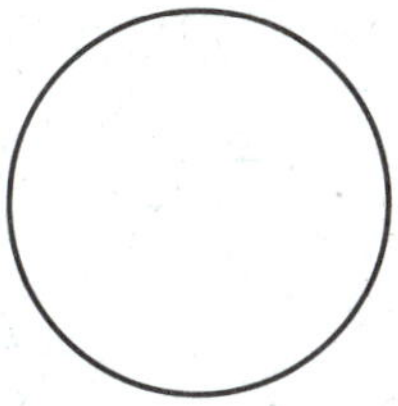

Haz un dibujo para mostrar tercios.
Colorea un tercio de la figura.

10.

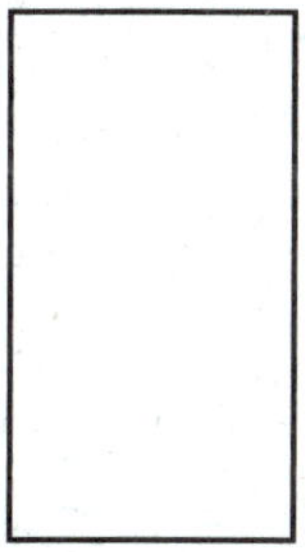

11.

12.

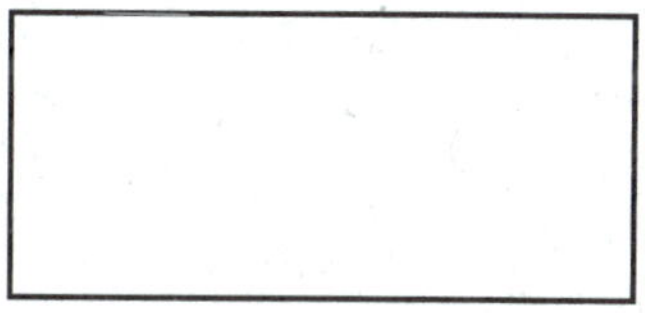

Haz un dibujo para mostrar cuartos.
Colorea un cuarto de la figura.

13.

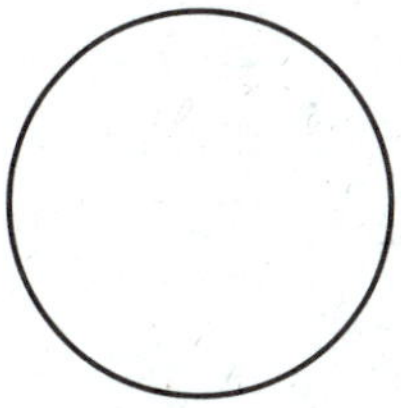

14.

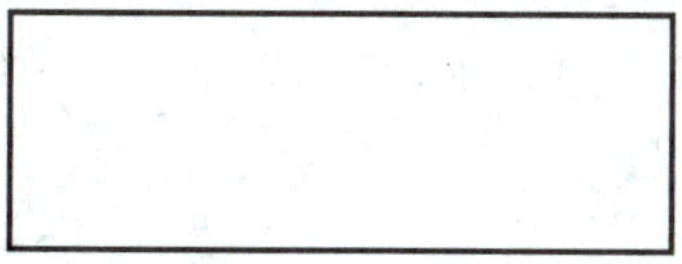

15.

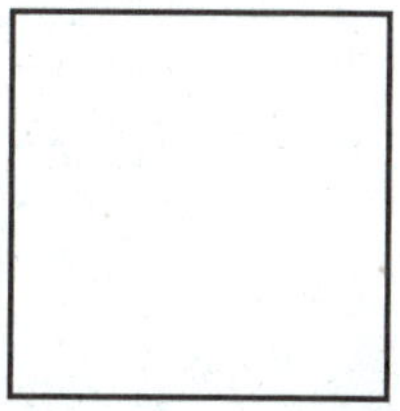

Resolución de problemas • Aplicaciones En el mundo

ESCRIBE Matemáticas

Matemáticas al instante

16. PIENSA MÁS Hay dos carteles del mismo tamaño. Un tercio de un cartel es rojo y un cuarto del otro cartel es azul.

¿Es más grande la parte roja o la parte azul? Dibuja y escribe para explicar.

____

____

____

____

____

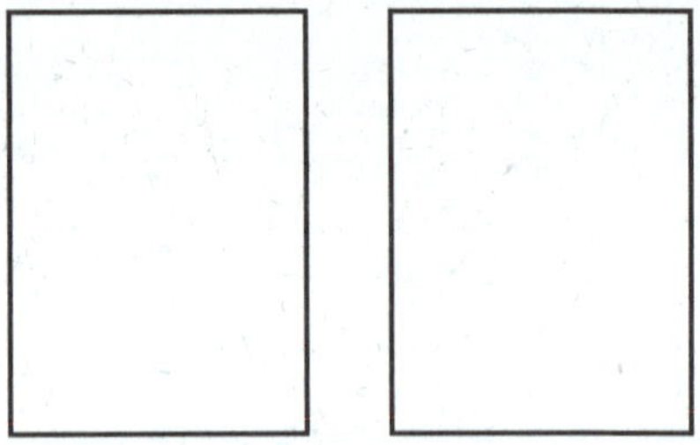

17. PIENSA MÁS Haz un dibujo para mostrar medios, tercios y cuartos. Colorea la mitad, un tercio o un cuarto de la figura.

ACTIVIDAD PARA LA CASA • Dibuje un cuadrado. Pida a su niño que dibuje para mostrar tercios y que coloree un tercio del cuadrado.

Nombre ____________________

Describir partes iguales

Estándares comunes **ESTÁNDARES COMUNES—2.G.A.3**
Razonan usando figuras geométricas y sus atributos.

Haz un dibujo que muestre medios.
Colorea un medio de la figura.

1. 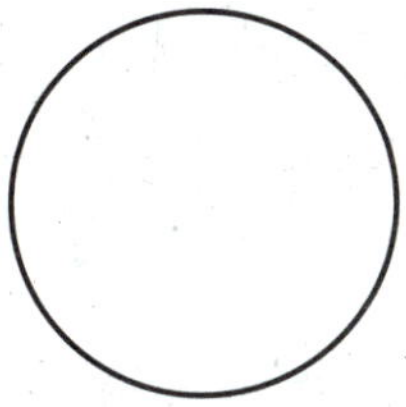

2. 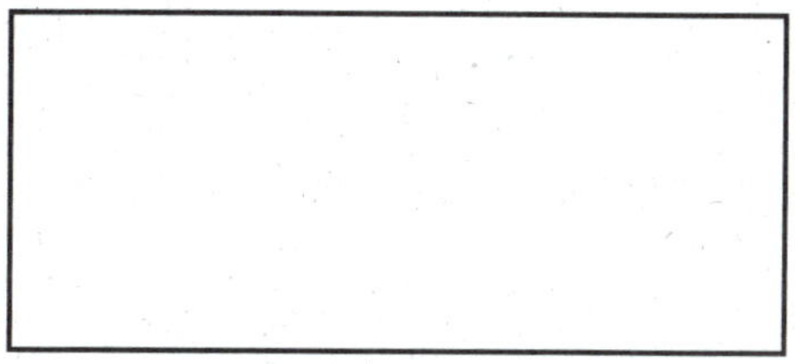

Haz un dibujo que muestre tercios.
Colorea un tercio de la figura.

3. 

4. 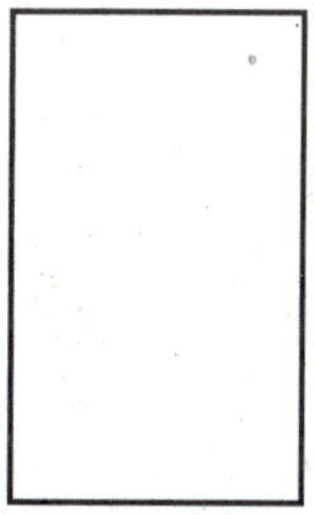

Resolución de problemas En el mundo

5. Encierra en un círculo todas las figuras que tengan un tercio sombreado.

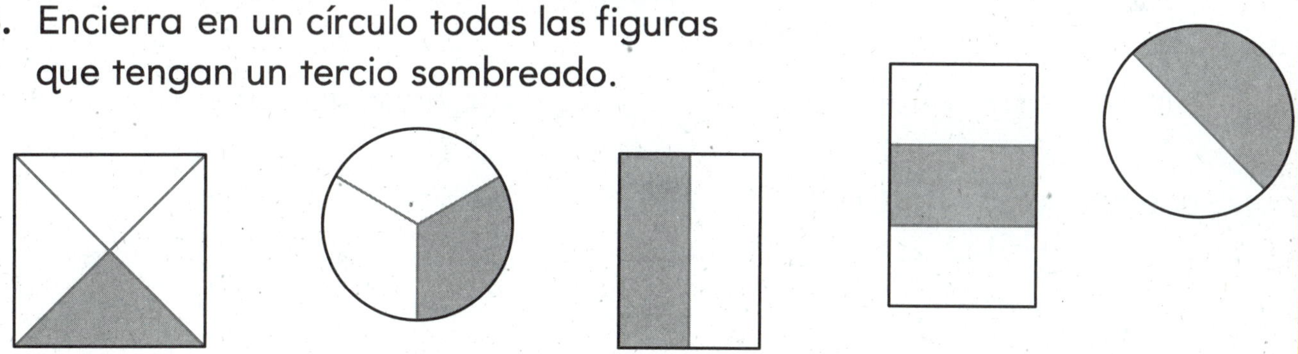

6. ESCRIBE Matemáticas Haz dibujos para mostrar un tercio de un entero y un cuarto de un entero. Rotula los dibujos.

Repaso de la lección (2.G.A.3)

1. ¿Cuál de estas figuras tiene un medio de la figura sombreada?

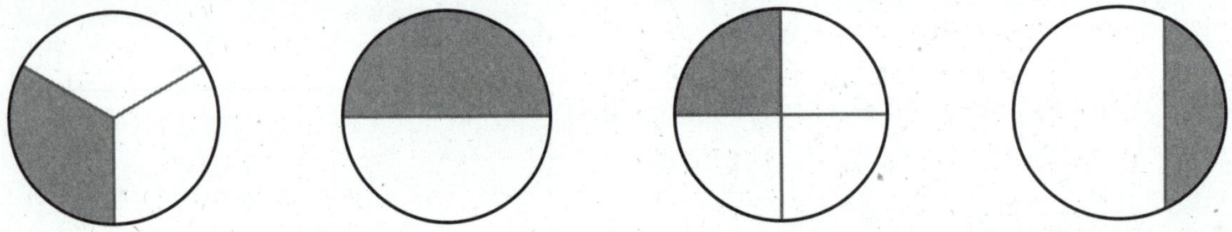

Repaso en espiral (2.MD.A.1, 2.MD.C.7, 2.G.A.1)

2. ¿Cuál es el nombre de esta figura?

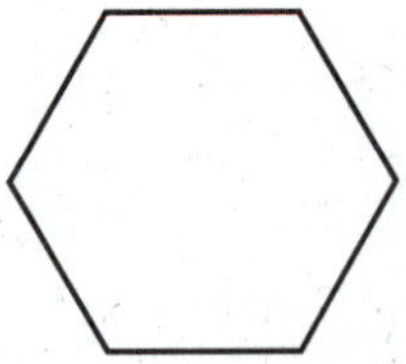

____

3. Usa una regla en centímetros. ¿Cuál es la longitud de la cuerda al centímetro más cercano?

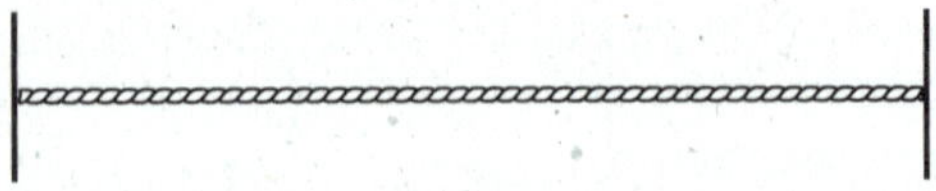

_____ centímetros

4. El reloj muestra la hora a la que Chris terminó su tarea. ¿A qué hora terminó Chris su tarea?

_____ : _____ a.m. / p.m.

5. ¿Qué hora muestra este reloj?

_____ : _____

PRACTICA MÁS CON EL Entrenador personal en matemáticas

Nombre ______________________________

Resolución de problemas • Partes iguales

Pregunta esencial ¿Cómo ayuda un diagrama a resolver problemas de partes iguales?

Estándares comunes **Geometría—2.G.A.3**

PRÁCTICAS MATEMÁTICAS
MP1, MP4, MP6

Hay dos sándwiches del mismo tamaño. Cada sándwich está dividido en cuartos, pero están cortados de manera diferente. ¿Cómo pueden cortarse los dos sándwiches?

Soluciona el problema — En el mundo

¿Qué debo hallar?

cómo pueden cortarse
los sándwiches

¿Qué información debo usar?

Hay _____ sándwiches.
Cada sándwich está dividido en _______________.

Muestra cómo resolver el problema.

NOTA A LA FAMILIA • Su niño hizo un diagrama para representar y resolver un problema sobre la división de un entero de diferentes maneras para mostrar partes iguales.

Haz otro problema

Haz un dibujo para mostrar tu respuesta.

- ¿Qué debo hallar?
- ¿Qué información debo usar?

1. Marquis tiene dos hojas de papel cuadradas del mismo tamaño. Quiere cortar cada hoja en mitades. ¿De qué dos maneras puede cortar las hojas de papel?

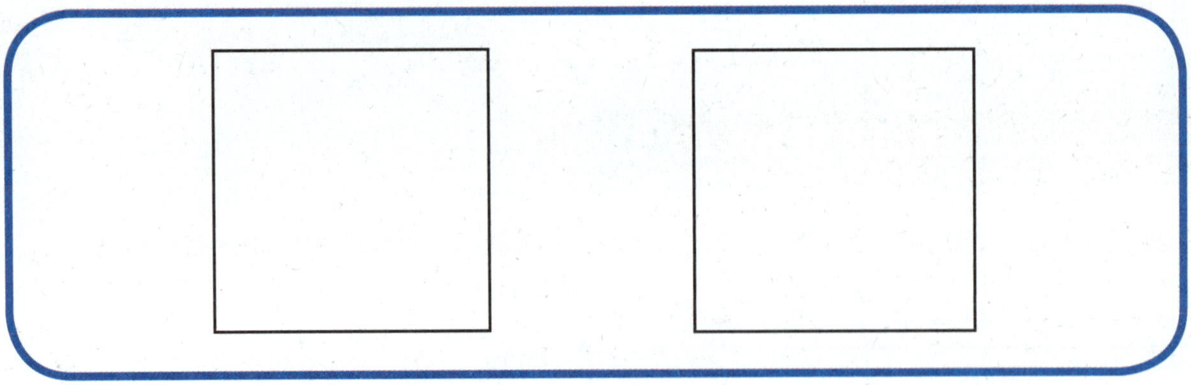

2. Shanice tiene dos piezas de tela del mismo tamaño. Tiene que dividir cada pieza en tercios. ¿De qué dos maneras diferentes puede dividir las piezas de tela?

Charla matemática PRÁCTICAS MATEMÁTICAS 1

En el Problema 2, **explica** en qué se parecen y en qué se diferencian los tercios de las dos piezas de tela.

Nombre ____________________________________

Comparte y muestra MATH BOARD

Haz un dibujo para mostrar tu respuesta.

3. Brandon tiene dos tostadas del mismo tamaño. ¿De qué dos maneras diferentes puede dividir las tostadas en mitades?

4. El Sr. Rivera tiene dos bandejas pequeñas de pasta del mismo tamaño. ¿De qué dos maneras diferentes puede cortar la pasta en cuartos?

5. PIENSA MÁS Erin tiene dos cintas del mismo tamaño. ¿De qué dos maneras diferentes puede dividir las cintas en tercios?

Matemáticas al instante

Resolución de problemas • Aplicaciones En el mundo

ESCRIBE Matemáticas

Resuelve. Escribe o dibuja para explicar.

6. PRÁCTICA MATEMÁTICA 4 **Usa diagramas** David necesita dividir dos hojas de papel en el mismo número de partes iguales. Observa la división de la primera hoja. Muestra cómo dividir la segunda hoja de una forma diferente.

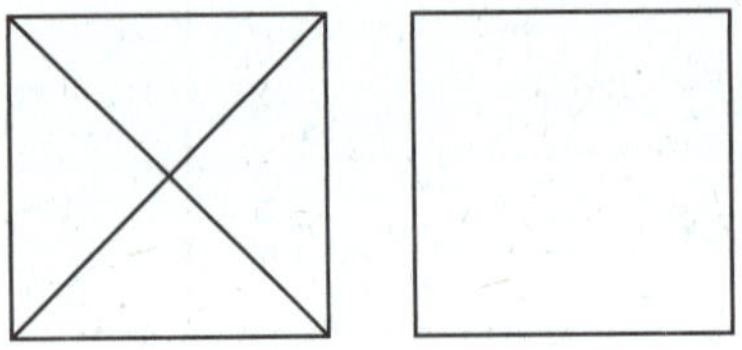

7. MÁS AL DETALLE La Sra. López corta dos sándwiches en mitades. ¿Cuántas partes iguales tiene?

_______ partes iguales

8. PIENSA MÁS Emma quiere cortar una hoja de papel en cuartos. Rellena el círculo al lado de todas las formas en que podría cortar el papel.

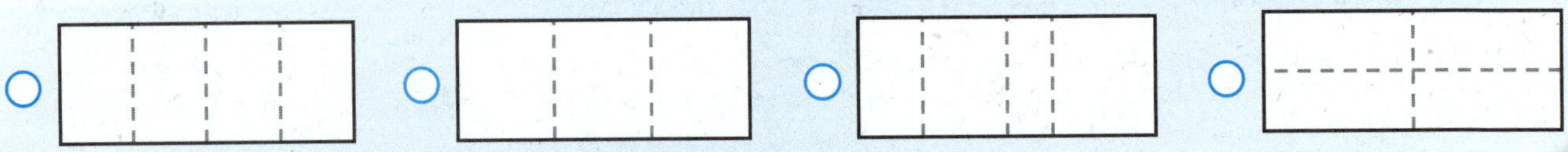

ACTIVIDAD PARA LA CASA • Pida a su niño que dibuje dos rectángulos y muestre dos formas diferentes de dividirlos en cuartos.

Nombre ______________________

Resolución de problemas • Partes iguales

Estándares comunes

ESTÁNDARES COMUNES—2.G.A.3
Razonan usando figuras geométricas y sus atributos.

Haz un dibujo que muestre tu respuesta.

1. Max tiene pizzas cuadradas del mismo tamaño. ¿De qué dos maneras puede dividir las pizzas en cuartos?

2. Dana tiene dos hojas de papel del mismo tamaño. ¿De qué dos maneras puede dividir las hojas en mitades?

3. ESCRIBE **Matemáticas** Dibuja o escribe para explicar cómo puedes dividir un rectángulo en tercios de dos maneras diferentes.

____

Repaso de la lección (2.G.A.3)

1. Bree corta un cartón en tercios así.

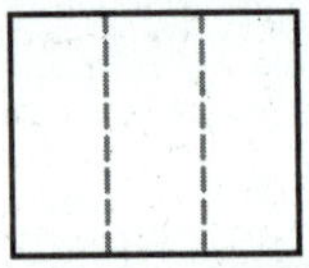

¿Qué opción muestra otra manera de cortar el cartón en tercios?

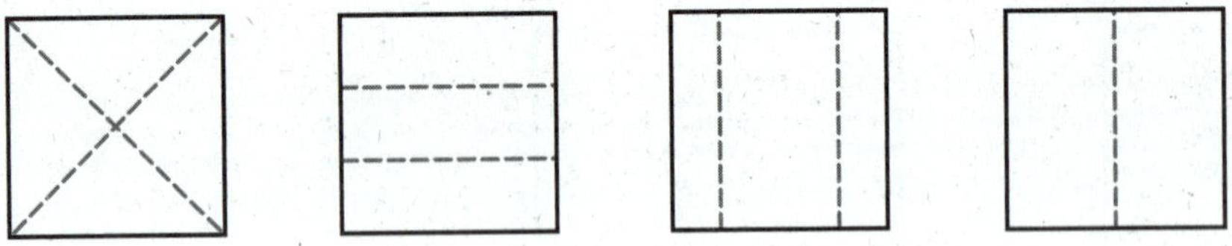

Repaso en espiral (2.MD.C.7, 2.MD.A.3, 2.G.A.1)

2. ¿Qué figura tiene 3 partes iguales?

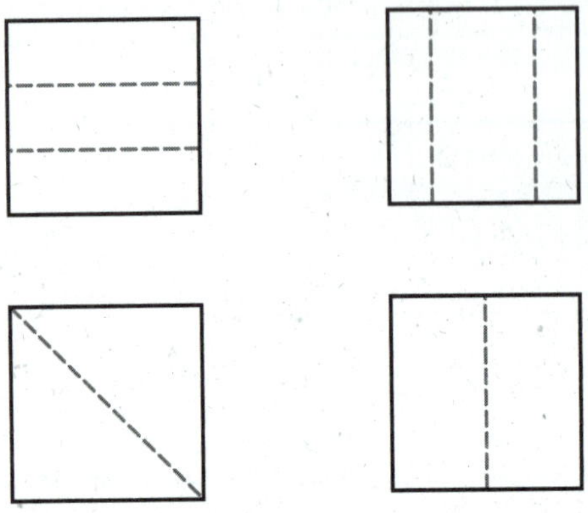

3. ¿Cuántos ángulos tiene esta figura?

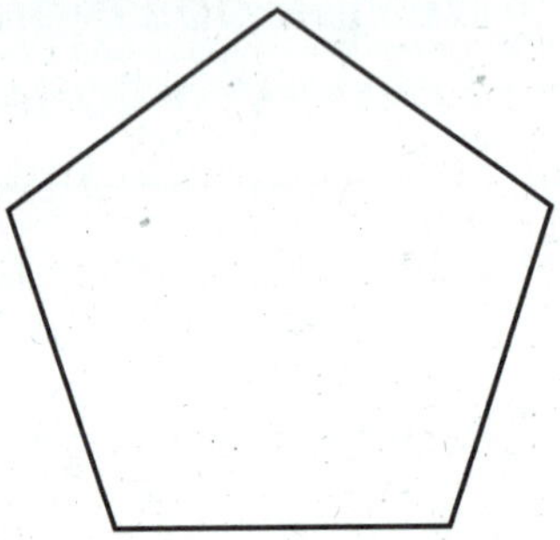

_____ ángulos

4. ¿Cuál es la mejor estimación de la longitud de un bate de béisbol?

_____ pies

5. ¿De qué otra manera se puede escribir 10 minutos después de las 9?

_____ : _____

Nombre ____________________

Repaso y prueba del Capítulo 11

Entrenador personal en matemáticas
Evaluación e intervención en línea

1. Empareja las figuras.

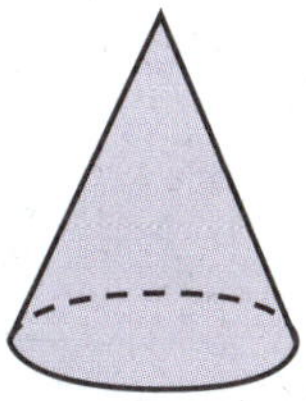
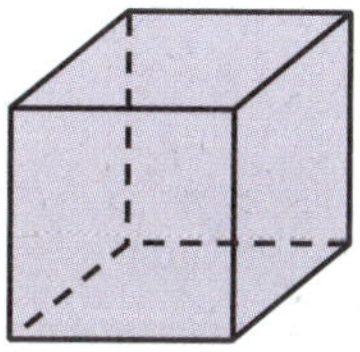
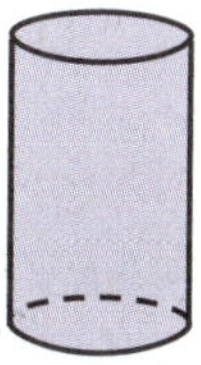
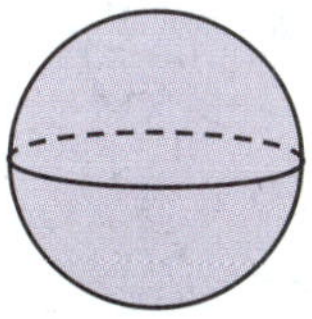

2. ¿Describen los enunciados un cubo?
Elige Sí o No.

Un cubo tiene 4 caras.	○ Sí	○ No
Un cubo tiene 8 vértices.	○ Sí	○ No
Un cubo tiene 14 aristas.	○ Sí	○ No
Cada cara de un cubo es un cuadrado.	○ Sí	○ No

Reescribe los enunciados con errores para que sean verdaderos.

____

____

Aprende en línea — Opciones de evaluación **Prueba del capítulo**

3. Traza líneas para mostrar tercios.

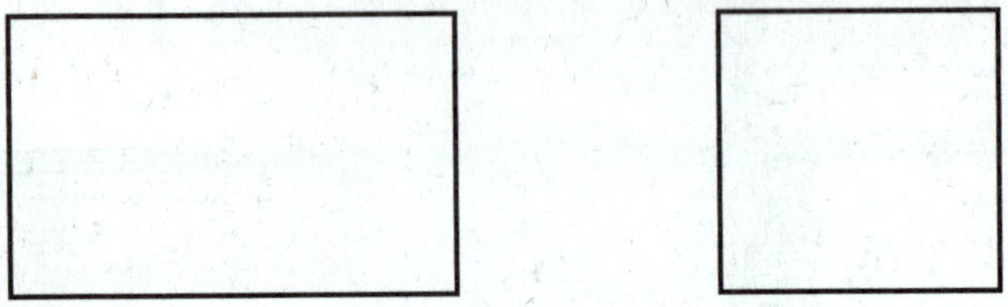

Explica cómo sabes que las partes son tercios.

---

4. Will y Ana tienen jardines del mismo tamaño. Dividen sus jardines en cuartos. ¿De qué dos formas diferentes pueden dividir sus jardines? Haz un dibujo para mostrar tu respuesta.

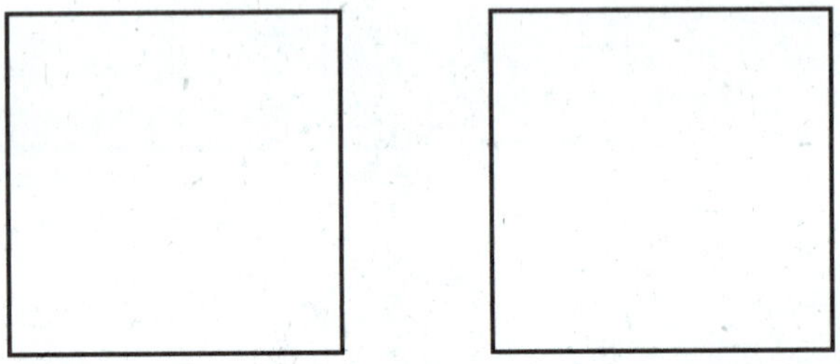

---

5. Dibuja para mostrar medios, tercios y cuartos. Colorea la mitad, un tercio y un cuarto.

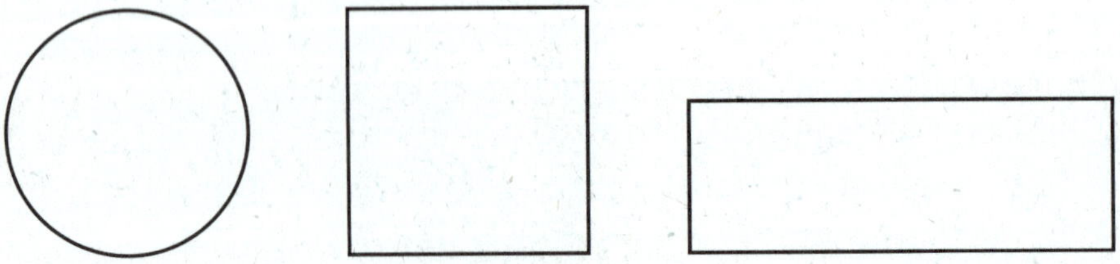

medios **tercios** **cuartos**

Nombre ______________________________

6. Max quiere cubrir el rectángulo con fichas cuadradas azules. Explica cómo estimarías el número de fichas cuadradas azules que necesitaría para cubrir el rectángulo.

____

____

Entrenador personal en matemáticas

7. PIENSA MÁS Jenna construyó este prisma rectangular. Encierra en un círculo el número de cubos de una unidad que usó Jenna.

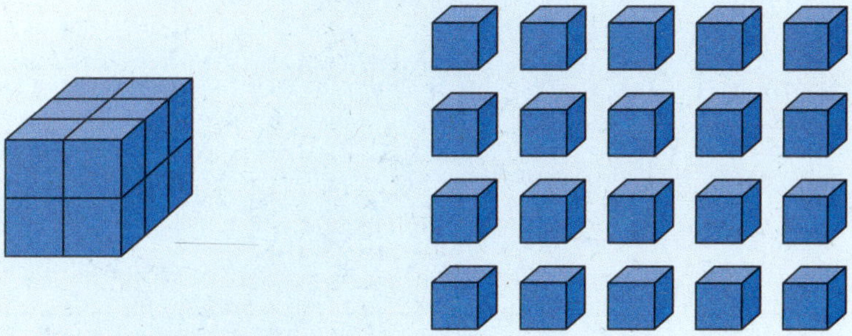

8. Rachel forma un pentágono y un cuadrilátero con palillos de dientes. Utiliza un palillo de dientes para cada lado de la figura. ¿Cuántos palillos de dientes necesita Rachel?

_______ palillos de dientes

9. Kevin dibujó 2 figuras bidimensionales que tienen 9 ángulos en total. Dibuja las formas que podría haber dibujado Kevin.

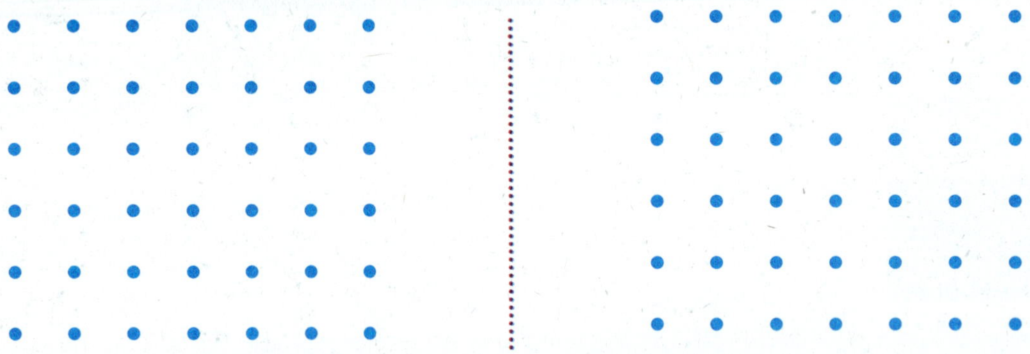

10. Rellena el círculo al lado de todas las formas que muestran cuartos.

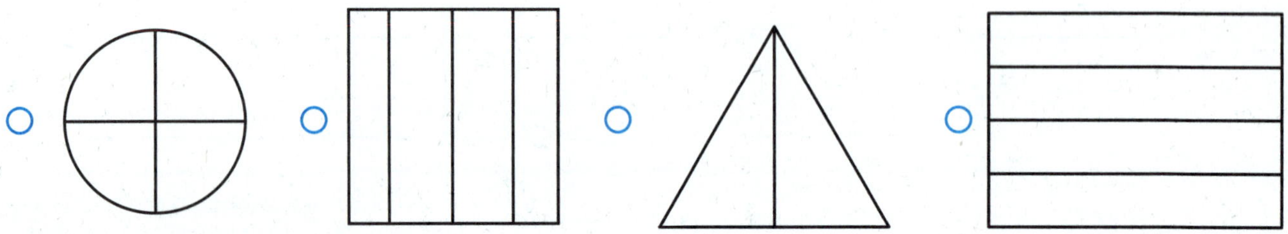

11. MÁS AL DETALLE Dibuja cada figura en el lugar de la tabla que le corresponde.

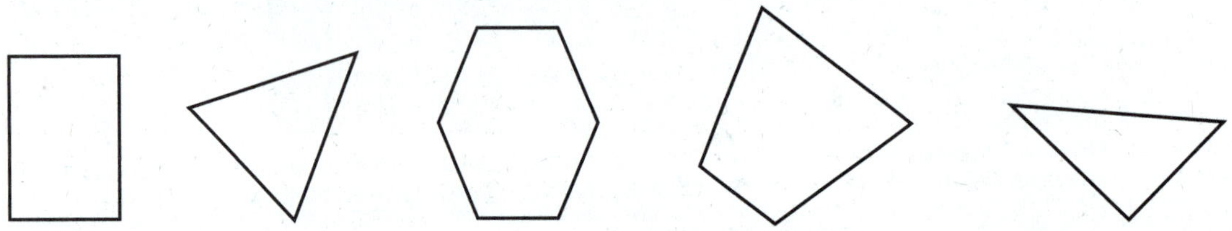

Figuras con menos de 4 ángulos	**Figuras con más de 3 ángulos**